Sophies
Marmeladen
& Kompotte

Im Gerstenberg Verlag bereits erschienen:
Sophies Cakes
Sophies Tartes, Quiches und Salate
Ducasse ganz einfach dank Sophie
Sophies Buffets

Entdecken Sie Sophies kulinarische Welt:
ihre Kochbücher, ihre Rezepte, ihre Tipps, ihre Kochkurse,
ihre Feinschmeckerprodukte und ihr behagliches Landhotel in der Normandie.

www.lamaisondesophie.com

Sophie Dudemaine
La Maison de Sophie
F-14950 Saint-Étienne-la-Thillaye
Tel. 0033-02 31 65 69 97

Bibliografische Information der Deutschen Nationalbibliothek
Die Deutsche Nationalbibliothek verzeichnet diese Publikation in der
Deutschen Nationalbibliografie; detaillierte bibliografische Daten sind im
Internet über *http://dnb.d-nb.de* abrufbar.

Die Originalausgabe erschien unter dem Titel *Confitures et compotes de Sophie*
Copyright © 2002 Éditions Minerva, Genève (Suisse)

Deutsche Ausgabe Copyright © 2008 Gerstenberg Verlag, Hildesheim
Alle Rechte vorbehalten
Satz: typocepta, Wilhelm Schäfer, Köln
Printed in Italy

www.gerstenberg-verlag.de

ISBN 978-3-8369-2979-0

Sophies Marmeladen & Kompotte

Sophie Dudemaine

Fotos von
Philippe Exbrayat

Food Styling von
Olivia Nikitenko

Aus dem Französischen von
Barbara Holle

Gerstenberg Verlag

Inhalt

Klassische Marmeladen

Sophies Marmeladen

Klassische Kompotte

Sophies Kompotte

Sophies Ratschläge

Die Küchengeräte

Eine elektronische Küchenwaage zum exakten Abwiegen der Zutaten sollte zwar in keinem Haushalt fehlen, dennoch genügt es mitunter zu wissen, dass 1 Esslöffel etwa einer Menge von 10 Millilitern beziehungsweise 10 Gramm entspricht.

Für die Zubereitung kleiner Mengen ist eine beschichtete Pfanne ideal (ein Kupferkessel lohnt sich nur, wenn Sie regelmäßig Marmelade in großen Mengen herstellen).

Ein Schneidbrett, ein Küchenmesser, ein Tomaten- und ein Sparschäler.

Ein Mixer, mit dem Sie Obstmus (für Babys), Fruchtsaucen und Suppen zubereiten können.

Ein großes, stabiles Messer mit Sägeschliff eignet sich besonders gut zum Schälen von Früchten wie Ananas oder Melone.

Mit einem Zestenreißer oder einer Reibe lässt sich die Schale von Zitrusfrüchten dünn abschälen.

Ein Sieb, um zu vermeiden, dass die Früchte beim Waschen längere Zeit im Wasser liegen.

Ein Kochlöffel, um die Früchte beim Kochen umzurühren.

Eine kleine Schöpfkelle, um die Marmelade in die Gläser abzufüllen. Praktisch ist auch ein spezieller Marmeladentrichter, mit dem bestimmt nichts neben dem Glas landet.

Ein Säckchen für Gewürze, Körner oder Kerne. Anstelle des klassischen Musselinsäckchens, über das nicht jeder Haushalt verfügt, eignet sich auch ein Teebeutel: einfach die Klammer entfernen, den Tee herausnehmen, den Beutel mit den Zutaten füllen und mit einer Heftklammer wieder verschließen. Sie können aber auch ein Stück Mullbinde oder einen Einweg-Teefilter verwenden.

Die Früchte nicht mit einer Gemüse- und/oder Kartoffelpresse, sondern einfach mit einer Gabel zerdrücken. Die Gemüsepresse benötigen Sie nur, wenn Sie zum Beispiel eine Himbeer- oder Traubenmarmelade ohne Kerne herstellen möchten. Pressen Sie die Früchte in diesem Fall über einer Schüssel aus, bevor Sie mit der Zubereitung beginnen.

Die Marmeladengläser

Werfen Sie leere Konservengläser (von Marmelade, Konserven, Senf, Cornichons …) nicht weg, und heben Sie auch die Deckel auf.

Verwenden Sie am besten Gläser von mittlerer Größe (370 g). Die Marmelade ist dann schneller aufgebraucht und hat keine Zeit, zu verderben. Auch können Sie so, je nach Lust, Saison und Angebot, geschmacklich immer wieder abwechseln. Sammeln Sie Gläser in Probiergröße (zum Beispiel von Honig) und füllen Sie sie mit dem kleinen Rest, der nach dem Abfüllen in die Gläser manchmal übrig bleibt, und verschenken Sie sie als Kostprobe an Freunde.

Zum Ablösen der Etiketten umwickeln Sie die Gläser mit einem Stück Baumwolle, das Sie zuvor in Fleckenwasser oder Waschbenzin getränkt haben. Um bereits gebrauchte Gläser von Gerüchen zu befreien, waschen Sie sie sorgfältig aus und stellen Sie sie danach 1 Stunde in den Kühlschrank.

Richten Sie Ihre Marmeladen zum Servieren mit einem hübschen Marmeladenlöffel (übrigens eine originelle Geschenkidee) in dekorativen Gefäßen wie Gläsern, Eierbechern, Kaffeetassen, einer Marmeladenmenage oder kleinen Auflaufformen an.

Die Auswahl der Früchte

Die Qualität einer Marmelade oder eines Kompotts hängt ganz entscheidend von der richtigen Auswahl der Früchte ab.

Bei den in den Rezepten angegebenen Stückzahlen handelt es sich um Mindestmengen. Achten Sie aber vor allem auf die Gewichtsangaben.

Die Früchte müssen frisch und gerade reif sein. Angeschlagenes Obst oder Früchte, an denen Insekten ihre Spuren hinterlassen haben, sollte man grundsätzlich nicht kaufen. Wenn Sie Ihr Obst erst kurz vor Marktschluss erstehen, bekommen Sie häufig einen Preisnachlass. Und zögern Sie nicht, beim Einkauf größerer Mengen zu handeln. Ideal ist es natürlich, die Früchte selbst in einem Obstgarten, beim Erzeuger oder im Wald zu pflücken. Achten Sie dabei darauf, die Pflanzen nicht zu zertreten.

Manche Früchte (dauerblühende Erdbeeren, Kirschtomaten …) lassen sich ganz leicht auf dem Balkon ziehen.

Auch tiefgefrorene Früchte eignen sich zur Herstellung von Marmeladen und Kompotten. Eines sollte man dabei allerdings bedenken: Es ist zwar angenehm, bestimmte Früchte das ganze Jahr über zur Verfügung zu haben, doch der Geschmack einer tiefgefrorenen Frucht ist nicht mit dem einer frisch gepflückten zu vergleichen. Für die Marmeladen ist es nicht notwendig, die Früchte aufzutauen, da sie mindestens 4 Stunden durchziehen müssen. Für die Kompotte müssen sie allerdings vor der Zubereitung auf Zimmertemperatur gebracht werden.

Ein Kilogramm Früchte reicht für 3 Gläser à 370 Gramm.

Der Zucker

Für Marmeladen verwende ich stets den handelsüblichen Gelierzucker, ist er doch das einfachste und sicherste Mittel, um im Handumdrehen eine gelungene Marmelade selbst zu machen. Mit Gelierzucker verkürzt sich die Kochzeit beträchtlich, Farbe und Vitamine der Früchte bleiben erhalten, und die Marmelade gelingt bestimmt. Zudem enthält er weder künstliche Zusatzstoffe noch Konservierungsmittel.

Ebenso gut eignen sich Streu- oder Haushaltszucker. Rohrzucker ist dagegen nicht zu empfehlen, weil er beim Kochen kristallisiert.

Für die Kompotte können Sie je nach Belieben eine der genannten Zuckersorten verwenden. Sowohl bei den Marmeladen als auch bei den Kompotten lässt sich der Zucker ohne weiteres zur Hälfte durch Honig ersetzen.

Zubereiten, abschäumen und lagern

Im Allgemeinen wird empfohlen, bei Marmeladen während des Kochens laufend den Schaum abzuschöpfen. Da die Rezepte in diesem Buch durchweg für ein Glas berechnet sind, verschwindet der Schaum aufgrund der kleinen Mengen von selbst. Wenn Sie größere Mengen zubereiten, fügen Sie am Ende der Kochzeit einfach 10 Gramm Butter hinzu. Durch das Fett fällt der Schaum zusammen, ohne dass der Geschmack der Früchte beeinträchtigt wird, und Sie müssen die Marmelade nicht abschäumen.

Ich persönlich bevorzuge Marmeladen, die etwas lockerer sind, doch die Konsistenz ist Geschmackssache. Mögen Sie Ihre Marmelade also etwas fester, verlängern Sie die im Rezept angegebene Kochzeit einfach um 5 Minuten.

Meine Marmeladen enthalten weniger Zucker als allgemein üblich. Deshalb sind sie weniger fest und nicht so lange haltbar. Nach dem Öffnen halten sie sich im Kühlschrank 14 Tage, ungeöffnet ein Jahr. Bei den Marmeladen, die Nüsse, etwa Walnüsse oder Mandeln, enthalten, verkürzt sich die Haltbarkeitsdauer noch einmal (sie sind ungeöffnet nicht länger als 2 bis 3 Monate haltbar), da Nüsse sehr ölhaltig sind und deshalb dazu neigen, mit der Zeit ranzig zu werden.

Kompotte bereite ich stets nach Bedarf zu, wenn ich Obst übrig habe, das nicht verderben soll. Sie werden nur in kleinen Mengen zubereitet, weil sie im Kühlschrank maximal drei Tage haltbar sind. Sie können nach Belieben püriert werden, auch das ist Geschmackssache. Ich persönlich püriere Kompotte nur für Babys.

Abfüllen, etikettieren und dekorieren

Bevor Sie die Marmelade in die Gläser füllen, müssen Sie das Glas und den Deckel mit heißem Wasser ausspülen und beides anschließend zum Trocknen umgedreht auf ein Geschirrtuch oder ein Stück Küchenpapier stellen. Füllen Sie dann die kochend heiße Marmelade ein, schrauben Sie das Glas fest zu und stellen Sie es auf den Kopf, bis die Marmelade vollständig erkaltet ist. Dadurch wird sie sterilisiert und hält sich länger. Die Methode eignet sich auch hervorragend für Frucht- oder Tomatensaucen.

Wenn die Marmelade erkaltet ist, können Sie sie entweder sofort genießen oder das Glas an einen trockenen, lichtgeschützten Ort mit einer Temperatur von 15 bis 18 °C stellen.

Zuvor empfiehlt es sich, die Gläser mit Etiketten zu versehen, auf denen Sie die verwendete Frucht und das Herstellungsdatum vermerken. So vermeiden Sie, dass Sie Heidelbeeren mit Brombeeren oder Schwarzen Johannisbeeren verwechseln, und Sie wissen immer, welche Marmelade zuerst verbraucht werden muss. Im Handel sind selbstklebende Etiketten erhältlich, Sie können aber auch ein Stück Papier nehmen, das Sie mit Milch anfeuchten. Am Computer lassen sich hübsche Etiketten selbst entwerfen.

Ein Glas selbstgemachte Marmelade ist immer ein willkommenes Geschenk. Dekorieren Sie den Deckel mit einem Stück Papier (Krepppapier, Seidenpapier, Papierservietten, Packpapier …) oder Stoff (Baumwolle, Leinen, Jute …) und verpacken Sie das Glas hübsch in Geschenkpapier. Um einen perfekten Kreis zu erhalten, stellen Sie eine kleine Schüssel auf das Papier oder den Stoff, umfahren sie mit einem Stift und schneiden den Kreis dann mit einer Schere oder – wenn Sie einen besonderen Effekt erzielen wollen – mit einer Zackenschere aus. Dann spannen Sie das Papier- oder Stoffstück über den Deckel und befestigen es mit Bast oder einem Geschenkband oder einfach mit einem Gummiring oder mit Bindfaden.

Diätmarmeladen und -kompotte

Zum Schluss noch einige Anregungen für all jene, die mit Gewichtsproblemen zu kämpfen haben oder unter Diabetes leiden:

Geben Sie für die Marmelade 500 g geschälte und kleingeschnittene Früchte mit 1 Päckchen Agar-Agar-Pulver (in Reformhäusern, Bioläden oder chinesischen Lebensmittelgeschäften erhältlich) in eine Kasserolle. Rühren Sie um und lassen Sie das Ganze je nach Frucht 15 bis 25 Minuten bei mittlerer Hitze kochen. Nehmen Sie die Kasserolle anschließend vom Feuer, süßen Sie die Marmelade nach Geschmack mit Süßstoff (im Handel wird auch spezieller Diabetiker-Gelierzucker angeboten) und füllen Sie sie in Gläser ab.

Bei den Kompotten können Sie bei der Zubereitung völlig auf Zucker verzichten. Kochen Sie die Früchte, nehmen Sie den Topf dann vom Feuer und süßen Sie das Kompott nach Geschmack mit Süßstoff oder geben Sie den Früchten einige Backpflaumen bei. Dadurch wird das Kompott ebenfalls weniger sauer.

Klassische Marmeladen

Pfirsich-Nektarinen-Marmelade

Für 1 Glas (370 g)

150 g Pfirsich-Fruchtfleisch (etwa 2 gelb- oder weißfleischige Pfirsiche)
150 g Nektarinen- oder Brugnolen*-Fruchtfleisch (etwa 2 Früchte)
Saft einer halben Zitrone
150 g Gelierzucker

- Die Pfirsiche und die Nektarinen schälen, halbieren, die Steine entfernen und das Fruchtfleisch in Stücke schneiden. Die Fruchtstücke in einer Schüssel mit dem Zitronensaft und dem Zucker vermischen, mit Frischhaltefolie abdecken und über Nacht im Kühlschrank durchziehen lassen.
- Am nächsten Tag das Marmeladenglas und den Deckel mit heißem Wasser ausspülen und umgedreht auf einem Geschirrtuch oder einem Stück Küchenpapier trocknen lassen.
- Die Fruchtmischung in eine beschichtete Pfanne geben und bei starker Hitze 8 Min. kochen. Dabei gelegentlich umrühren. Das Fruchtfleisch 2 Min. vor Ende der Kochzeit mit einer Gabel zerdrücken. Die Marmelade muss nicht abgeschäumt werden.
- Die Masse anschließend sofort in das Marmeladenglas füllen (das Glas muss randvoll sein). Das Glas fest zuschrauben und auf den Kopf stellen, bis die Marmelade vollständig erkaltet ist.

Sophies Tipp

Vor dem Kochen können Sie die Fruchtmischung wahlweise mit
1 TL gemahlener Vanille, 1 Vanilleschote, 1 EL gemahlenen Mandeln,
2 EL Cidre-Essig, Kirschwasser oder Rotwein, 1 Msp. gemahlenem Ingwer
oder 1/2 TL Szechuan-Pfefferkörnern* verfeinern.

Orangenmarmelade

Für 1 Glas (370 g)

300 g Orangen-Fruchtfleisch (etwa 4 Orangen)
Saft einer halben Zitrone
170 g Gelierzucker

- Die Orangen schälen und die weiße Haut möglichst vollständig entfernen. Das Fruchtfleisch mit einem scharfen Messer filetieren und in Stücke schneiden. Die Kerne entfernen und den Saft auffangen. Die Orangen und den Saft in eine Schüssel geben, mit dem Zitronensaft und dem Zucker vermischen, mit Frischhaltefolie abdecken und über Nacht im Kühlschrank durchziehen lassen.
- Am nächsten Tag das Marmeladenglas und den Deckel mit heißem Wasser ausspülen und umgedreht auf einem Geschirrtuch oder einem Stück Küchenpapier trocknen lassen.
- Die Fruchtmischung im Mixer 5 Sek. pürieren, anschließend in eine beschichtete Pfanne geben und bei starker Hitze 8 Min. kochen. Dabei gelegentlich umrühren. Die Marmelade muss nicht abgeschäumt werden.
- Die Masse danach sofort in das Marmeladenglas füllen (das Glas muss randvoll sein). Das Glas fest zuschrauben und auf den Kopf stellen, bis die Marmelade vollständig erkaltet ist.

Sophies Tipp

Sie können die Fruchtmischung vor dem Kochen wahlweise mit
1 TL gemahlener Vanille, 1 Vanilleschote, 1 TL Lavendelsamen,
2 Msp. gemahlenem Zimt, 5 feingeschnittenen Minzeblättchen oder
1 Msp. gemahlenem Kardamom verfeinern.

Honigmelonenmarmelade

Für 1 Glas (370 g)

300 g Honigmelonen-Fruchtfleisch (etwa 1 Honigmelone)
Saft einer halben Zitrone
150 g Gelierzucker

- Die Melone halbieren und die Kerne entfernen. Das Fruchtfleisch herauslösen, in Stücke schneiden und in einer Schüssel mit dem Zitronensaft und dem Zucker vermischen. Das Ganze mit Frischhaltefolie abdecken und über Nacht im Kühlschrank durchziehen lassen.
- Am nächsten Tag das Marmeladenglas und den Deckel mit heißem Wasser ausspülen und umgedreht auf einem Geschirrtuch oder einem Stück Küchenpapier trocknen lassen.
- Die Fruchtmischung in eine beschichtete Pfanne geben und bei starker Hitze 6 Min. kochen. Dabei immer wieder umrühren. Das Fruchtfleisch 2 Min. vor Ende der Kochzeit mit einer Gabel zerdrücken. Die Marmelade muss nicht abgeschäumt werden.
- Die Masse anschließend sofort in das Marmeladenglas füllen (das Glas muss randvoll sein). Das Glas fest zuschrauben und auf den Kopf stellen, bis die Marmelade vollständig erkaltet ist.

Sophies Tipp

Vor dem Kochen können Sie die Fruchtmischung wahlweise mit
1 TL gemahlener Vanille, 1 Vanilleschote, 1 EL Lavendelhonig,
1 EL Orangenblütenwasser, 2 Msp. gemahlenem Zimt oder
1 Gewürznelke verfeinern.

Mandarinenmarmelade

Für 1 Glas (370 g)

300 g Mandarinen- oder Clementinen-Fruchtfleisch (etwa 5 Früchte)
Saft einer halben Zitrone
150 g Gelierzucker

- Die Mandarinen schälen und die weiße Haut möglichst vollständig entfernen. Das Fruchtfleisch mit einem scharfen Messer filetieren und kleinschneiden und die Kerne entfernen. Die Mandarinen anschließend in einer Schüssel mit dem Zitronensaft und dem Zucker vermischen, mit Frischhaltefolie abdecken und über Nacht im Kühlschrank durchziehen lassen.
- Am nächsten Tag das Marmeladenglas und den Deckel mit heißem Wasser ausspülen und umgedreht auf einem Geschirrtuch oder einem Stück Küchenpapier trocknen lassen.
- Die Fruchtmischung in eine beschichtete Pfanne geben und bei starker Hitze 8 Min. kochen. Dabei gelegentlich umrühren. Das Fruchtfleisch 2 Min. vor Ende der Kochzeit mit einer Gabel zerdrücken. Die Marmelade muss nicht abgeschäumt werden.
- Die Masse anschließend sofort in das Marmeladenglas füllen (das Glas muss randvoll sein). Das Glas fest zuschrauben und auf den Kopf stellen, bis die Marmelade vollständig erkaltet ist.

Sophies Tipp

Sie können die Fruchtmischung vor dem Kochen wahlweise mit
1 TL gemahlener Vanille, 1 Vanilleschote, 5 cl herbem Cidre oder Cognac,
1 TL frisch geriebenem Ingwer oder 2 Msp. gemahlenem Zimt verfeinern.

Feigenmarmelade

Für 1 Glas (370 g)

300 g Feigen-Fruchtfleisch (etwa 10 schwarze, violette oder weiße Feigen)
Saft einer halben Zitrone
150 g Gelierzucker

- Die Feigen schälen, das Fruchtfleisch kleinschneiden und in einer Schüssel mit dem Zitronensaft und dem Zucker vermischen. Das Ganze mit Frischhaltefolie abdecken und über Nacht im Kühlschrank durchziehen lassen.
- Am nächsten Tag das Marmeladenglas und den Deckel mit heißem Wasser ausspülen und umgedreht auf einem Geschirrtuch oder einem Stück Küchenpapier trocknen lassen.
- Die Fruchtmischung im Mixer 5 Sek. pürieren, anschließend in eine beschichtete Pfanne geben und bei starker Hitze 6 Min. kochen. Dabei gelegentlich umrühren. Die Marmelade muss nicht abgeschäumt werden.
- Die Masse danach sofort in das Marmeladenglas füllen (das Glas muss randvoll sein). Das Glas fest zuschrauben und auf den Kopf stellen, bis die Marmelade vollständig erkaltet ist.

Sophies Tipp

Die Fruchtmischung können Sie vor dem Kochen wahlweise mit
1 TL gemahlener Vanille, 1 Vanilleschote, 1 EL gehackten Mandeln,
Walnüssen oder Pistazien, 3 cl Cognac oder Portwein oder
5 feingeschnittenen Minzeblättchen verfeinern.

Rote-Beeren-Marmelade

Für 1 Glas (370 g)

80 g Erdbeeren
80 g Heidelbeeren
80 g Rote Johannisbeeren oder Stachelbeeren
80 g Himbeeren
Saft einer halben Zitrone
160 g Gelierzucker

- Die Erdbeeren waschen, trockentupfen und die Stielansätze entfernen. Die Heidelbeeren und die Johannisbeeren von den Rispen streifen und in einem Sieb unter fließendem kalten Wasser waschen. Die Himbeeren verlesen, aber nicht waschen. Die Beeren in einer Schüssel mit dem Zitronensaft und dem Zucker vermischen, mit Frischhaltefolie abdecken und über Nacht im Kühlschrank durchziehen lassen.
- Am nächsten Tag das Marmeladenglas und den Deckel mit heißem Wasser ausspülen und umgedreht auf einem Geschirrtuch oder einem Stück Küchenpapier trocknen lassen.
- Die Fruchtmischung in eine beschichtete Pfanne geben und bei starker Hitze 6 Min. kochen. Dabei gelegentlich umrühren. Die Beeren 2 Min. vor Ende der Kochzeit mit einer Gabel zerdrücken. Die Marmelade muss nicht abgeschäumt werden.
- Die Masse anschließend sofort in das Marmeladenglas füllen (das Glas muss randvoll sein). Das Glas fest zuschrauben und auf den Kopf stellen, bis die Marmelade vollständig erkaltet ist.

Sophies Tipp

Vor dem Kochen können Sie die Fruchtmischung wahlweise mit
1 TL gemahlener Vanille, 1 Vanilleschote, 1 EL Mandelblättchen,
1 Lorbeerblatt oder 5 Minzeblättchen verfeinern. Die Heidelbeeren
können durch Kirschen oder Schwarze Johannisbeeren und die
Erdbeeren durch Walderdbeeren ersetzt werden.

Himbeermarmelade

Für 1 Glas (370 g)

300 g Himbeeren
Saft einer halben Zitrone
150 g Gelierzucker

- Die Himbeeren zunächst verlesen, aber nicht waschen, und dann, sofern Sie eine kernlose Marmelade wünschen, im Mixer pürieren und durch ein Sieb streichen. Die ganzen oder pürierten Früchte in einer Schüssel mit dem Zitronensaft und dem Zucker vermischen, mit Frischhaltefolie abdecken und über Nacht im Kühlschrank durchziehen lassen.
- Am nächsten Tag das Marmeladenglas und den Deckel mit heißem Wasser ausspülen und umgedreht auf einem Geschirrtuch oder einem Stück Küchenpapier trocknen lassen.
- Die Fruchtmischung in einer beschichteten Pfanne bei starker Hitze 6 Min. kochen und dabei immer wieder umrühren. Die Marmelade muss nicht abgeschäumt werden.
- Die Masse anschließend sofort in das Marmeladenglas füllen (das Glas muss randvoll sein). Das Glas fest zuschrauben und auf den Kopf stellen, bis die Marmelade vollständig erkaltet ist.

Sophies Tipp

Verfeinern Sie die Fruchtmischung vor dem Kochen wahlweise mit
1 TL gemahlener Vanille, 1 Vanilleschote oder 5 Minzeblättchen.
Die Himbeeren können zur Hälfte durch kleingeschnittene Erdbeeren,
Ananas-, Birnen- oder Pfirsichstücke ersetzt werden.

Preiselbeermarmelade

Für 1 Glas (370 g)

300 g Preiselbeeren
Saft einer halben Zitrone
150 g Gelierzucker

- Die Preiselbeeren in einem Sieb unter fließendem kalten Wasser waschen. Anschließend in einer Schüssel mit dem Zitronensaft und dem Zucker vermischen, mit Frischhaltefolie abdecken und über Nacht im Kühlschrank durchziehen lassen.
- Am nächsten Tag das Marmeladenglas und den Deckel mit heißem Wasser ausspülen und umgedreht auf einem Geschirrtuch oder einem Stück Küchenpapier trocknen lassen.
- Die Fruchtmischung in eine beschichtete Pfanne geben und bei starker Hitze 6 Min. kochen. Dabei gelegentlich umrühren. Die Beeren 2 Min. vor Ende der Kochzeit mit einer Gabel zerdrücken. Die Marmelade muss nicht abgeschäumt werden.
- Die Masse anschließend sofort in das Marmeladenglas füllen (das Glas muss randvoll sein). Das Glas fest zuschrauben und auf den Kopf stellen, bis die Marmelade vollständig erkaltet ist.

Sophies Tipp

Vor dem Kochen können Sie die Fruchtmischung
mit 1 EL gehackten Pekannüssen verfeinern.
Die Preiselbeeren können Sie zur Hälfte durch Heidelbeeren
oder Rote Johannisbeeren ersetzen.

Grüne-Tomaten-Marmelade

Für 1 Glas (370 g)

500 g Grüne-Tomaten-Fruchtfleisch (etwa 7 grüne Tomaten*)
Saft einer halben Zitrone
175 g Gelierzucker

- Die Tomaten waschen, mit einem Tomatenschäler schälen und danach vierteln. Den Saft und die Kerne entfernen und die Tomaten in einer Schüssel mit dem Zitronensaft und dem Zucker vermischen. Das Ganze mit Frischhaltefolie abdecken und über Nacht im Kühlschrank durchziehen lassen.
- Am nächsten Tag das Marmeladenglas und den Deckel mit heißem Wasser ausspülen und umgedreht auf einem Geschirrtuch oder einem Stück Küchenpapier trocknen lassen.
- Die Fruchtmischung in einer beschichteten Pfanne bei starker Hitze 6 Min. kochen und dabei immer wieder umrühren. Die Marmelade muss nicht abgeschäumt werden.
- Die Masse anschließend sofort in das Marmeladenglas füllen (das Glas muss randvoll sein). Das Glas fest zuschrauben und auf den Kopf stellen, bis die Marmelade vollständig erkaltet ist.

Sophies Tipp

Vor dem Kochen können Sie die Fruchtmischung wahlweise mit ½ gewürfelten Apfel, ½ gewürfelten Quitte oder 2 Orangenscheiben anreichern und mit 1 TL gemahlener Vanille, 1 Vanilleschote, 2 Msp. gemahlenem Zimt, 1 Lorbeerblatt oder 1 Msp. gemahlenem Ingwer verfeinern.

Mirabellenmarmelade

Für 1 Glas (370 g)

300 g Mirabellen-Fruchtfleisch (etwa 600 g Mirabellen)
Saft einer halben Zitrone
150 g Gelierzucker

- Die Mirabellen in einem Sieb unter fließendem kalten Wasser waschen. Die Früchte anschließend halbieren und die Steinkerne entfernen. Die Mirabellen in einer Schüssel mit dem Zitronensaft und dem Zucker vermischen, mit Frischhaltefolie abdecken und über Nacht im Kühlschrank durchziehen lassen.
- Am nächsten Tag das Marmeladenglas und den Deckel mit heißem Wasser ausspülen und umgedreht auf einem Geschirrtuch oder einem Stück Küchenpapier trocknen lassen.
- Die Fruchtmischung in einer beschichteten Pfanne bei starker Hitze 6 Min. kochen und dabei gelegentlich umrühren. Das Fruchtfleisch 2 Min. vor Ende der Kochzeit mit einer Gabel zerdrücken. Die Marmelade muss nicht abgeschäumt werden.
- Die Masse anschließend sofort in das Marmeladenglas füllen (das Glas muss randvoll sein). Das Glas fest zuschrauben und auf den Kopf stellen, bis die Marmelade vollständig erkaltet ist.

Sophies Tipp

Sie können die Fruchtmischung vor dem Kochen mit 2 cl Mirabellenbrand
oder -likör oder mit 1 EL gehackten Walnüssen verfeinern.
Die Mirabellen können Sie zur Hälfte durch 1 säuerlichen Apfel (z. B. Granny Smith)
oder durch Aprikosen ersetzen.

Apfel-Birnen-Marmelade

Für 1 Glas (370 g)

125 g Apfel-Fruchtfleisch (z. B. etwa 2 Golden Delicious oder Granny Smith)
125 g Birnen-Fruchtfleisch (z. B. etwa 2 Williams Christ)
Saft einer halben Zitrone
125 g Gelierzucker

- Die Früchte schälen, vierteln und die Kerngehäuse entfernen. Das Fruchtfleisch in Würfel schneiden und in einer Schüssel mit dem Zitronensaft und dem Zucker vermischen. Das Ganze mit Frischhaltefolie abdecken und über Nacht im Kühlschrank durchziehen lassen.
- Am nächsten Tag das Marmeladenglas und den Deckel mit heißem Wasser ausspülen und umgedreht auf einem Geschirrtuch oder einem Stück Küchenpapier trocknen lassen.
- Die Fruchtmischung in eine beschichtete Pfanne geben und bei starker Hitze 7 Min. kochen. Dabei gelegentlich umrühren. Das Fruchtfleisch 2 Min. vor Ende der Kochzeit mit einer Gabel zerdrücken. Die Marmelade muss nicht abgeschäumt werden.
- Die Masse anschließend sofort in das Marmeladenglas füllen (das Glas muss randvoll sein). Das Glas fest zuschrauben und auf den Kopf stellen, bis die Marmelade vollständig erkaltet ist.

Sophies Tipp

Verfeinern Sie die Fruchtmischung vor dem Kochen wahlweise mit
1 TL gemahlener Vanille, 1 Vanilleschote, 2 Msp. gemahlenem Zimt,
1 Msp. gemahlenem Ingwer oder 2 cl Calvados.
Der Zitronensaft kann durch den Saft einer halben Orange ersetzt werden.

Brombeermarmelade

Für 1 Glas (370 g)

300 g Brombeeren
Saft einer halben Zitrone
150 g Gelierzucker

· Die Brombeeren in einem Sieb unter fließendem kalten Wasser waschen. Anschließend in einer Schüssel mit dem Zitronensaft und dem Zucker vermischen, mit
Frischhaltefolie abdecken und über Nacht im Kühlschrank durchziehen lassen.
· Am nächsten Tag das Marmeladenglas und den Deckel mit heißem Wasser ausspülen
und umgedreht auf einem Geschirrtuch oder einem Stück Küchenpapier trocknen
lassen.
· Die Fruchtmischung in einer beschichteten Pfanne bei starker Hitze 6 Min. kochen
und dabei immer wieder umrühren. Die Beeren 2 Min. vor Ende der Kochzeit mit
einer Gabel zerdrücken. Die Marmelade muss nicht abgeschäumt werden.
· Die Masse anschließend sofort in das Marmeladenglas füllen (das Glas muss randvoll
sein). Das Glas fest zuschrauben und auf den Kopf stellen, bis die Marmelade vollständig erkaltet ist.

Sophies Tipp

Vor dem Kochen können Sie die Fruchtmischung wahlweise mit
1 TL Korinthen, 2 Msp. gemahlenem Zimt, 5 Minzeblättchen
oder 1 Sternanis verfeinern. Die Brombeeren können zur Hälfte
durch Aprikosen oder Weinbergpfirsiche ersetzt werden.

Kirschmarmelade

Für 1 Glas (370 g)

300 g Süß- oder Sauerkirsch-Fruchtfleisch (etwa 500 g Früchte)
Saft einer halben Zitrone
150 g Gelierzucker

- Die Kirschen waschen, abtropfen lassen, entstielen und entsteinen. Die Früchte anschließend in einer Schüssel mit dem Zitronensaft und dem Zucker vermischen, mit Frischhaltefolie abdecken und über Nacht im Kühlschrank durchziehen lassen.
- Am nächsten Tag das Marmeladenglas und den Deckel mit heißem Wasser ausspülen und umgedreht auf einem Geschirrtuch oder einem Stück Küchenpapier trocknen lassen.
- Die Fruchtmischung in einer beschichteten Pfanne bei starker Hitze 8 Min. kochen und dabei immer wieder umrühren. Die Früchte 2 Min. vor Ende der Kochzeit mit einer Gabel zerdrücken. Die Marmelade muss nicht abgeschäumt werden.
- Die Masse anschließend sofort in das Marmeladenglas füllen (das Glas muss randvoll sein). Das Glas fest zuschrauben und auf den Kopf stellen, bis die Marmelade vollständig erkaltet ist.

Sophies Tipp

Sie können die Fruchtmischung vor dem Kochen wahlweise mit
1 TL gemahlener Vanille, 1 Vanilleschote, 5 Minzeblättchen, 20 ml Rotwein,
2 cl Kirschwasser, 1 Gewürznelke oder 1 EL Mandelblättchen verfeinern.

Erdbeermarmelade

Für 1 Glas (370 g)

300 g Erdbeeren oder Walderdbeeren
Saft einer halben Zitrone
150 g Gelierzucker

- Die Erdbeeren waschen, trockentupfen und die Stielansätze entfernen. Die Früchte in einer Schüssel mit dem Zitronensaft und dem Zucker vermischen, mit Frischhaltefolie abdecken und über Nacht im Kühlschrank durchziehen lassen.
- Am nächsten Tag das Marmeladenglas und den Deckel mit heißem Wasser ausspülen und umgedreht auf einem Geschirrtuch oder einem Stück Küchenpapier trocknen lassen.
- Die Fruchtmischung in einer beschichteten Pfanne bei starker Hitze 6 Min. kochen und dabei gelegentlich umrühren. Nach Belieben die Beeren 2 Min. vor Ende der Kochzeit mit einer Gabel zerdrücken. Die Marmelade muss nicht abgeschäumt werden.
- Die Masse anschließend sofort in das Marmeladenglas füllen (das Glas muss randvoll sein). Das Glas fest zuschrauben und auf den Kopf stellen, bis die Marmelade vollständig erkaltet ist.

Sophies Tipp

Sie können die Fruchtmischung vor dem Kochen wahlweise mit 1 TL gemahlener Vanille, 1 Vanilleschote, 5 Minzeblättchen, 1 Msp. gemahlenem Ingwer, 2 cl Orangenblütenwasser oder ½ TL Szechuan*- oder Sarawak*- Pfefferkörnern verfeinern.

Esskastanienmarmelade

Für 1 Glas (370 g)

300 g Esskastanien-Fruchtfleisch (etwa 400 g Esskastanien)
200 g Zucker
1 Vanilleschote

- Die Kastanien mit einem kleinen Messer kreuzweise einschneiden und 5 Min. in siedendes Wasser geben. Die Früchte mit einem Schaumlöffel herausheben, sofort schälen und in eine Kasserolle mit lauwarmem Wasser geben. Den Topf zudecken und die Kastanien bei niedriger Hitze 30 Min. köcheln lassen, anschließend abgießen und durch den feinen Einsatz der Gemüse- oder Kartoffelpresse drücken.
- Das Marmeladenglas und den Deckel mit heißem Wasser ausspülen und umgedreht auf einem Geschirrtuch oder einem Stück Küchenpapier abtropfen lassen.
- In einer Kasserolle den Zucker mit 200 ml Wasser erhitzen. Sobald der Sirup kocht, die aufgeschlitzte Vanilleschote hinzufügen und den Topf vom Feuer nehmen.
- Den Sirup nach und nach mit einem Kochlöffel unter das Kastanienpüree rühren, bis eine glatte, homogene Masse entstanden ist. Die Fruchtmischung bei mittlerer Hitze 15 Min. kochen lassen, dabei immer wieder umrühren. Den Topf danach vom Feuer nehmen und die Vanilleschote entfernen.
- Die Masse in das Marmeladenglas füllen (das Glas muss randvoll sein). Das Glas fest zuschrauben und auf den Kopf stellen, bis die Marmelade vollständig erkaltet ist.

Sophies Tipp

Sie können das Kastanienpüree mit 2 cl Rum oder
1 TL Orangeat verfeinern.

Johannisbeermarmelade

Für 1 Glas (370 g)

200 g Schwarze Johannisbeeren
100 g Rote Johannisbeeren oder Stachelbeeren
Saft einer halben Zitrone
150 g Gelierzucker

- Die Beeren von den Rispen streifen und in einem Sieb unter fließendem kalten Wasser waschen. Die Früchte anschließend in einer Schüssel mit dem Zitronensaft und dem Zucker vermischen, mit Frischhaltefolie abdecken und über Nacht im Kühlschrank durchziehen lassen.
- Am nächsten Tag das Marmeladenglas und den Deckel mit heißem Wasser ausspülen und umgedreht auf einem Geschirrtuch oder einem Stück Küchenpapier trocknen lassen.
- Die Fruchtmischung in einer beschichteten Pfanne bei starker Hitze 6 Min. kochen und dabei immer wieder umrühren. Die Beeren 2 Min. vor Ende der Kochzeit mit einer Gabel zerdrücken. Die Marmelade muss nicht abgeschäumt werden.
- Die Masse anschließend sofort in das Marmeladenglas füllen (das Glas muss randvoll sein). Das Glas fest zuschrauben und auf den Kopf stellen, bis die Marmelade vollständig erkaltet ist.

Sophies Tipp

Vor dem Kochen können Sie die Fruchtmischung mit
5 Minzeblättchen oder 1 Zimtstange verfeinern.
Die Roten Johannisbeeren können Sie durch 1 Birne,
5 Passionsfrüchte (Maracujas) oder Himbeeren ersetzen.

Aprikosenmarmelade mit Mandeln

Für 1 Glas (370 g)

300 g Aprikosen-Fruchtfleisch (etwa 5 Aprikosen)
Saft einer halben Zitrone
150 g Gelierzucker
1 EL Mandelblättchen

- Die Aprikosen in einem Sieb unter fließendem kalten Wasser waschen, anschließend halbieren und die Steine entfernen. Die Früchte in einer Schüssel mit dem Zitronensaft, dem Zucker und den Mandelblättchen vermischen, mit Frischhaltefolie abdecken und über Nacht im Kühlschrank durchziehen lassen.
- Am nächsten Tag das Marmeladenglas und den Deckel mit heißem Wasser ausspülen und umgedreht auf einem Geschirrtuch oder einem Stück Küchenpapier trocknen lassen.
- Die Fruchtmischung in eine beschichtete Pfanne geben und bei starker Hitze 6 Min. kochen. Dabei gelegentlich umrühren. Das Fruchtfleisch 2 Min. vor Ende der Kochzeit mit einer Gabel zerdrücken. Die Marmelade muss nicht abgeschäumt werden.
- Die Masse anschließend sofort in das Marmeladenglas füllen (das Glas muss randvoll sein). Das Glas fest zuschrauben und auf den Kopf stellen, bis die Marmelade vollständig erkaltet ist.

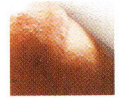

Sophies Tipp

Verfeinern Sie die Fruchtmischung vor dem Kochen wahlweise mit 1 TL gemahlener Vanille, 1 Vanilleschote, 1 EL gehackten Pinienkernen, 2 cl Orangenblütenwasser, 1 Sternanis, 1 Tropfen Bittermandelöl oder 2 cl Cognac.
Die Aprikosen können zur Hälfte durch kleingeschnittene Erdbeeren, Ananas oder Bananen ersetzt werden.

Heidelbeermarmelade

Für 1 Glas (370 g)

300 g Heidelbeeren
Saft einer halben Zitrone
150 g Gelierzucker

- Die Heidelbeeren in einem Sieb unter fließendem kalten Wasser waschen. Die Früchte anschließend in einer Schüssel mit dem Zitronensaft und dem Zucker vermischen, mit Frischhaltefolie abdecken und über Nacht im Kühlschrank durchziehen lassen.
- Am nächsten Tag das Marmeladenglas und den Deckel mit heißem Wasser ausspülen und umgedreht auf einem Geschirrtuch oder einem Stück Küchenpapier trocknen lassen.
- Die Fruchtmischung in einer beschichteten Pfanne bei starker Hitze 6 Min. kochen und dabei immer wieder umrühren. Die Beeren 2 Min. vor Ende der Kochzeit mit einer Gabel zerdrücken. Die Marmelade muss nicht abgeschäumt werden.
- Die Masse anschließend sofort in das Marmeladenglas füllen (das Glas muss randvoll sein). Das Glas fest zuschrauben und auf den Kopf stellen, bis die Marmelade vollständig erkaltet ist.

Sophies Tipp

Ich persönlich füge der Heidelbeermarmelade nie etwas hinzu,
sondern genieße sie stets pur.

Zwetschgenmarmelade

Für 1 Glas (370 g)

300 g Zwetschgen-Fruchtfleisch (etwa 6 Zwetschgen)
Saft einer halben Zitrone
150 g Gelierzucker

- Die Zwetschgen in einem Sieb unter fließendem kalten Wasser waschen, anschließend halbieren und die Steinkerne entfernen. Die Früchte mit dem Zitronensaft und dem Zucker vermischen, mit Frischhaltefolie abdecken und über Nacht im Kühlschrank durchziehen lassen.
- Am nächsten Tag das Marmeladenglas und den Deckel mit heißem Wasser ausspülen und umgedreht auf einem Geschirrtuch oder einem Stück Küchenpapier trocknen lassen.
- Die Fruchtmischung in eine beschichtete Pfanne geben und bei starker Hitze 6 Min. kochen. Dabei gelegentlich umrühren. Das Fruchtfleisch 2 Min. vor Ende der Kochzeit mit einer Gabel zerdrücken. Die Marmelade muss nicht abgeschäumt werden.
- Die Masse anschließend sofort in das Marmeladenglas füllen (das Glas muss randvoll sein). Das Glas fest zuschrauben und auf den Kopf stellen, bis die Marmelade vollständig erkaltet ist.

Sophies Tipp

Sie können die Fruchtmischung vor dem Kochen wahlweise mit 2 Msp. gemahlenem Zimt, 1 EL Mandelblättchen oder 1 EL gehackten Walnüssen verfeinern.
Die Zwetschgen können zur Hälfte durch Rhabarber oder Äpfel ersetzt werden.

Zitrusfruchtmarmelade

Für 1 Glas (370 g)

80 g Orangen-Fruchtfleisch (etwa 1 Orange)
80 g Pampelmusen-Fruchtfleisch (etwa 1 Pampelmuse)
80 g Zitronen-Fruchtfleisch (etwa 2 Zitronen)
5 g Schale einer unbehandelten Orange
5 g Schale einer unbehandelten Pampelmuse
5 g Schale einer unbehandelten Zitrone
150 g Gelierzucker

- Die Schalen der Zitrusfrüchte zunächst mit einem Zestenreißer dünn abschälen und dann, möglichst zusammen mit der gesamten weißen Haut, entfernen. Das Fruchtfleisch mit einem scharfen Messer filetieren und kleinschneiden. Die Kerne entfernen. Die Fruchtstücke und die Schale in eine Schüssel geben und mit dem Gelierzucker vermischen. Das Ganze mit Frischhaltefolie abdecken und über Nacht im Kühlschrank durchziehen lassen.
- Am nächsten Tag das Marmeladenglas und den Deckel mit heißem Wasser ausspülen und umgedreht auf einem Geschirrtuch oder einem Stück Küchenpapier trocknen lassen.
- Die Fruchtmischung in eine beschichtete Pfanne geben und bei starker Hitze 8 Min. kochen. Dabei gelegentlich umrühren. Das Fruchtfleisch 2 Min. vor Ende der Kochzeit mit einer Gabel zerdrücken. Die Marmelade muss nicht abgeschäumt werden.
- Die Masse anschließend sofort in das Marmeladenglas füllen (das Glas muss randvoll sein). Das Glas fest zuschrauben und auf den Kopf stellen, bis die Marmelade vollständig erkaltet ist.

Sophies Tipp

Vor dem Kochen können Sie die Fruchtmischung wahlweise mit 1 TL gemahlener Vanille, 1 Vanilleschote, 5 Minzeblättchen, 1 Msp. gemahlenem Ingwer, 1 Zimtstange oder 3 frischen Basilikumblättchen verfeinern.

Sophies Marmeladen

Clementinen-Kiwi-Marmelade

Für 1 Glas (370 g)

150 g Clementinen-Fruchtfleisch (etwa 3 Clementinen)
150 g Kiwi-Fruchtfleisch (etwa 3 Kiwis)
Saft einer halben Zitrone
150 g Gelierzucker

- Die Clementinen schälen und die weiße Haut möglichst vollständig entfernen. Das Fruchtfleisch mit einem scharfen Messer filetieren und eventuell vorhandene Kerne entfernen. Die Kiwis ebenfalls schälen und das Fruchtfleisch kleinschneiden. Die Früchte in einer Schüssel mit dem Zitronensaft und dem Zucker vermischen, mit Frischhaltefolie abdecken und über Nacht im Kühlschrank durchziehen lassen.
- Am nächsten Tag das Marmeladenglas und den Deckel mit heißem Wasser ausspülen und umgedreht auf einem Geschirrtuch oder einem Stück Küchenpapier trocknen lassen.
- Die Fruchtmischung in eine beschichtete Pfanne geben und bei starker Hitze 6 Min. kochen. Dabei gelegentlich umrühren. Das Fruchtfleisch 2 Min. vor Ende der Kochzeit mit einer Gabel zerdrücken. Die Marmelade muss nicht abgeschäumt werden.
- Die Masse anschließend sofort in das Marmeladenglas füllen (das Glas muss randvoll sein). Das Glas fest zuschrauben und auf den Kopf stellen, bis die Marmelade vollständig erkaltet ist.

Sophies Tipp

Die Kiwis können zur Hälfte durch eine neue Sorte, die Kiwi Gold,
auch gelbe Kiwi genannt, ersetzt werden. Diese Sorte wird zwischen Juni
und Oktober sowie zwischen Dezember und Februar angeboten.

Heidelbeer-Karamell-Marmelade

Für 1 Glas (370 g)

300 g Heidelbeeren
Saft einer halben Zitrone
150 g Zucker

- Das Marmeladenglas und den Deckel mit heißem Wasser ausspülen und umgedreht auf einem Geschirrtuch oder einem Stück Küchenpapier trocknen lassen.
- Die Heidelbeeren in einem Sieb unter fließendem kalten Wasser waschen und in einer Schüssel mit dem Zitronensaft vermischen.
- Für den Karamell den Zucker mit 1 EL Wasser in eine Kasserolle geben und 3 Min. erhitzen, bis er flüssig geworden ist und eine goldgelbe Farbe angenommen hat. Dabei nicht umrühren! Den Karamell über die Heidelbeeren gießen und mit den Früchten vermengen.
- Die Fruchtmischung in einer beschichteten Pfanne bei starker Hitze 5 Min. kochen und dabei immer wieder umrühren. Die Beeren 2 Min. vor Ende der Kochzeit mit einer Gabel zerdrücken. Die Marmelade muss nicht abgeschäumt werden.
- Die Masse anschließend sofort in das Marmeladenglas füllen (das Glas muss randvoll sein). Das Glas fest zuschrauben und auf den Kopf stellen, bis die Marmelade vollständig erkaltet ist.

Sophies Tipp

Die Heidelbeeren können zur Hälfte durch Preiselbeeren ersetzt werden.

Ananasmarmelade mit Datteln

Für 1 Glas (370 g)

300 g Babyananas-Fruchtfleisch (etwa 2 Babyananas)
30 g entsteinte Datteln (etwa 4 Datteln)
Saft einer halben Zitrone
150 g Gelierzucker
1 TL gemahlene Vanille oder 1 Vanilleschote

- Die Ananas schälen und die Augen entfernen. Das Fruchtfleisch kleinschneiden und in einer Schüssel mit dem Zitronensaft, dem Zucker, den kleingeschnittenen Datteln und der Vanille vermischen. Das Ganze mit Frischhaltefolie abdecken und über Nacht im Kühlschrank durchziehen lassen.
- Am nächsten Tag das Marmeladenglas und den Deckel mit heißem Wasser ausspülen und umgedreht auf einem Geschirrtuch oder einem Stück Küchenpapier trocknen lassen.
- Die Fruchtmischung in eine beschichtete Pfanne geben und bei starker Hitze 6 Min. kochen. Dabei gelegentlich umrühren. Das Fruchtfleisch 2 Min. vor Ende der Kochzeit mit einer Gabel zerdrücken. Die Marmelade muss nicht abgeschäumt werden.
- Die Masse anschließend sofort in das Marmeladenglas füllen (das Glas muss randvoll sein). Das Glas fest zuschrauben und auf den Kopf stellen, bis die Marmelade vollständig erkaltet ist.

Sophies Tipp

Sie können die Fruchtmischung vor dem Kochen mit
2 cl Malibu* oder 5 Kubeben-Pfefferkörnern* verfeinern.
Die Ananas kann zur Hälfte durch Bananen ersetzt werden.

Lemon Curd

Für 1 Glas (370 g)

Saft von 3 Zitronen
abgeriebene Schale einer unbehandelten Zitrone
¼ TL Agar-Agar oder 2 Gelatineblätter
3 Eier
250 g Zucker
50 g Butter (in kleinen Stücken)

- Das Marmeladenglas und den Deckel mit heißem Wasser ausspülen und umgedreht auf einem Geschirrtuch oder einem Stück Küchenpapier trocknen lassen.
- Das Agar-Agar in kaltem Wasser auflösen oder die Gelatine in kaltem Wasser einweichen.
- Die Eier in eine beschichtete Pfanne schlagen. Den Zucker, die Butter, den Zitronensaft, die Zitronenschale und das aufgelöste Agar-Agar beziehungsweise die ausgedrückte Gelatine hinzufügen und alles miteinander vermengen.
- Die Mischung bei niedriger Hitze etwa 5 Min. kochen, bis sie eindickt. Dabei mit einem Schneebesen laufend vorsichtig rühren.
- Die Masse anschließend sofort in das Marmeladenglas füllen (das Glas muss randvoll sein). Das Glas fest zuschrauben und auf den Kopf stellen, bis die Marmelade vollständig erkaltet ist.

Der Lemon Curd ist im Kühlschrank 1 Woche haltbar.

Sophies Tipp

Lemon Curd eignet sich hervorragend zum Bestreichen süßer Tartelettes.

Kiwimarmelade
mit Erdbeeren und Honig

Für 1 Glas (370 g)

200 g Gelbe-Kiwi-Fruchtfleisch
(etwa 3 gelbe Kiwis; siehe Seite 50)
100 g Erdbeeren
Saft einer halben Zitrone

75 g Gelierzucker
75 g Lavendelhonig
1 TL frisch geriebener oder
gemahlener Ingwer

- Die Erdbeeren waschen, trockentupfen und die Stielansätze entfernen. Die Kiwis schälen. Die Früchte kleinschneiden und in einer Schüssel mit dem Zitronensaft, dem Zucker und dem Honig vermischen. Das Ganze mit Frischhaltefolie abdecken und über Nacht im Kühlschrank durchziehen lassen.
- Am nächsten Tag das Marmeladenglas und den Deckel mit heißem Wasser ausspülen und umgedreht auf einem Geschirrtuch oder einem Stück Küchenpapier trocknen lassen.
- Die Fruchtmischung und den Ingwer in eine beschichtete Pfanne geben und bei starker Hitze 6 Min. kochen. Dabei immer wieder umrühren. Das Fruchtfleisch 2 Min. vor Ende der Kochzeit mit einer Gabel zerdrücken. Die Marmelade muss nicht abgeschäumt werden.
- Die Masse anschließend sofort in das Marmeladenglas füllen (das Glas muss randvoll sein). Das Glas fest zuschrauben und auf den Kopf stellen, bis die Marmelade vollständig erkaltet ist.

Sophies Tipp

Die Erdbeeren können durch Himbeeren und der Ingwer kann
durch Vanille ersetzt werden.

Rhabarbermarmelade mit Süßholz

Für 1 Glas (370 g)

300 g Rhabarber-Fruchtfleisch (etwa 2 Rhabarberstangen)
1 Stück Süßholz (etwa 3 g)
Saft einer halben Zitrone
150 g Gelierzucker

- Das Süßholz feinschneiden. Den Rhabarber von den Stielansätzen befreien, die Schale abziehen und die Stangen in etwa 0,5 cm große Stücke schneiden. Die Rhabarberstücke und das Süßholz in eine Schüssel geben und mit dem Zitronensaft und dem Zucker vermischen. Das Ganze mit Frischhaltefolie abdecken und über Nacht im Kühlschrank durchziehen lassen.
- Am nächsten Tag das Marmeladenglas und den Deckel mit heißem Wasser ausspülen und umgedreht auf einem Geschirrtuch oder einem Stück Küchenpapier trocknen lassen.
- Die Fruchtmischung in eine beschichtete Pfanne geben und bei starker Hitze 6 Min. kochen. Dabei immer wieder umrühren. Die Marmelade muss nicht abgeschäumt werden.
- Die Masse anschließend sofort in das Marmeladenglas füllen (das Glas muss randvoll sein). Das Glas fest zuschrauben und auf den Kopf stellen, bis die Marmelade vollständig erkaltet ist.

Sophies Tipp

Vor dem Kochen können Sie die Fruchtmischung wahlweise mit 1 TL gemahlener Vanille, 1 Vanilleschote oder 2 Msp. gemahlenem Ingwer verfeinern.
Der Zitronensaft kann durch den Saft einer halben Orange ersetzt werden.

Wassermelonenmarmelade mit Zitrusfrüchten

Für 1 Glas (370 g)

200 g Wassermelonen-Fruchtfleisch (etwa 2 Spalten Wassermelone)
50 g Orangen-Fruchtfleisch (etwa 1 Orange)
50 g Zitronen-Fruchtfleisch (etwa 1 Zitrone)
150 g Gelierzucker

- Die Orange und die Zitrone schälen und die weiße Haut möglichst vollständig entfernen. Das Fruchtfleisch mit einem scharfen Messer filetieren und kleinschneiden. Die Kerne entfernen und den Saft auffangen. Aus den Melonenspalten die Kerne entfernen, das Fruchtfleisch ebenfalls kleinschneiden und den Saft auffangen. Sämtlichen Saft und das gesamte Fruchtfleisch in einer Schüssel mit dem Zucker vermischen. Das Ganze mit Frischhaltefolie abdecken und über Nacht im Kühlschrank durchziehen lassen.
- Am nächsten Tag das Marmeladenglas und den Deckel mit heißem Wasser ausspülen und umgedreht auf einem Geschirrtuch oder einem Stück Küchenpapier trocknen lassen.
- Die Fruchtmischung im Mixer 5 Sek. pürieren, anschließend in eine beschichtete Pfanne geben und bei starker Hitze 8 Min. kochen. Dabei gelegentlich umrühren. Die Marmelade muss nicht abgeschäumt werden.
- Die Masse anschließend sofort in das Marmeladenglas füllen (das Glas muss randvoll sein). Das Glas fest zuschrauben und auf den Kopf stellen, bis die Marmelade vollständig erkaltet ist.

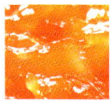

Sophies Tipp

Sie können die Fruchtmischung vor dem Kochen mit
2 cl Orangenblütenwasser verfeinern.
Anstelle der Orange können Sie Himbeeren verwenden.

Weihnachtsmarmelade

Für 1 Glas (370 g)

100 g getrocknete Feigen
50 g getrocknete Aprikosen
25 g entsteinte Datteln
25 g entsteinte Trockenpflaumen
25 g Korinthen
30 g Walnusskerne

Saft einer Zitrone
Saft und Schale einer unbehandelten
Orange
150 g Zucker
3 Msp. Viergewürzpulver*

- Die Trockenfrüchte kleinschneiden und in einer Schüssel mit den Korinthen und den kleingehackten Walnusskernen vermischen. 300 ml Wasser, den Zitronen- und den Orangensaft, die Orangenschale, den Zucker und das Viergewürzpulver hinzufügen und die Zutaten gut vermengen. Das Ganze mit Frischhaltefolie abdecken und über Nacht im Kühlschrank durchziehen lassen.
- Am nächsten Tag das Marmeladenglas und den Deckel mit heißem Wasser ausspülen und umgedreht auf einem Geschirrtuch oder einem Stück Küchenpapier trocknen lassen.
- Die Fruchtmischung in eine beschichtete Pfanne geben und bei mittlerer Hitze 25 Min. kochen. Dabei gelegentlich umrühren. Das Fruchtfleisch 2 Min. vor Ende der Kochzeit mit einer Gabel zerdrücken. Die Marmelade muss nicht abgeschäumt werden.
- Die Masse anschließend sofort in das Glas füllen (das Glas muss randvoll sein). Das Glas fest zuschrauben und auf den Kopf stellen, bis die Marmelade vollständig erkaltet ist.

Sophies Tipp

Vor dem Kochen können Sie die Fruchtmischung mit
3 cl Grand Marnier oder Cointreau verfeinern.

Feigen-Pfirsich-Marmelade mit Süßwein

Für 1 Glas (370 g)

150 g Feigen-Fruchtfleisch (etwa 4 Feigen)
150 g Pfirsich-Fruchtfleisch (etwa 2 gelb- oder weißfleischige Pfirsiche)
150 g Gelierzucker
50 ml Süßwein (z. B. Sauternes)

- Die Feigen und die Pfirsiche schälen. Die Pfirsiche halbieren und die Steine entfernen. Die Früchte kleinschneiden und in einer Schüssel mit dem Zucker und dem Süßwein vermischen. Das Ganze mit Frischhaltefolie abdecken und über Nacht im Kühlschrank durchziehen lassen.
- Am nächsten Tag das Marmeladenglas und den Deckel mit heißem Wasser ausspülen und umgedreht auf einem Geschirrtuch oder einem Stück Küchenpapier trocknen lassen.
- Die Mischung in eine beschichtete Pfanne geben und bei starker Hitze 6 Min. kochen. Dabei gelegentlich umrühren. Das Fruchtfleisch 2 Min. vor Ende der Kochzeit mit einer Gabel zerdrücken. Die Marmelade muss nicht abgeschäumt werden.
- Die Masse anschließend sofort in das Marmeladenglas füllen (das Glas muss randvoll sein). Das Glas fest zuschrauben und auf den Kopf stellen, bis die Marmelade vollständig erkaltet ist.

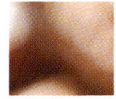

Sophies Tipp

Die Feigen können durch Honigmelone ersetzt werden.

Zitronen-Limetten-Marmelade

Für 1 Glas (370 g)

150 g Zitrone (etwa 2 unbehandelte Zitronen)
150 g Limette (etwa 3 unbehandelte Limetten)
200 g Gelierzucker

- Die Zitronen und die Limetten gründlich waschen und in dünne Scheiben schneiden. Die Kerne entfernen. Die Früchte in eine Kasserolle mit 200 ml Wasser geben, aufkochen und anschließend bei niedriger Hitze 20 Min. köcheln lassen.
- Die Fruchtscheiben in eine Schüssel füllen und abkühlen lassen. Den Zucker untermischen, das Ganze mit Frischhaltefolie abdecken und über Nacht im Kühlschrank durchziehen lassen.
- Am nächsten Tag das Marmeladenglas und den Deckel mit heißem Wasser ausspülen und umgedreht auf einem Geschirrtuch oder einem Stück Küchenpapier trocknen lassen.
- Die Fruchtmischung in eine beschichtete Pfanne geben und bei starker Hitze 6 Min. kochen. Dabei gelegentlich umrühren. Die Marmelade muss nicht abgeschäumt werden.
- Die Masse anschließend sofort in das Marmeladenglas füllen (das Glas muss randvoll sein). Das Glas fest zuschrauben und auf den Kopf stellen, bis die Marmelade vollständig erkaltet ist.

Sophies Tipp

Sie können die Fruchtmischung vor dem Kochen wahlweise mit
2 Msp. gemahlenem Zimt, 3 cl Rum oder 5 Minzeblättchen verfeinern.

Birnenmarmelade
mit kandierter Zitrone

Für 1 Glas (370 g)

300 g Birnen-Fruchtfleisch
(etwa 3 Birnen)
Saft einer halben Zitrone
125 g Gelierzucker

Für die kandierte Zitrone
½ unbehandelte Zitrone
100 g Zucker

- Die Birnen schälen, vierteln und die Kerngehäuse entfernen. Das Fruchtfleisch kleinschneiden, mit dem Zitronensaft und dem Gelierzucker vermischen, mit Frischhaltefolie abdecken und über Nacht im Kühlschrank durchziehen lassen.
- Die Zitrone kleinschneiden und mit kochendem Wasser übergießen, damit sie weich wird. Das Wasser wegschütten und den Vorgang zwei Mal wiederholen. Den Zucker in 200 ml Wasser aufkochen. Die Zitronenstücke darin bei niedriger Hitze 45 Min. köcheln lassen, bis sie durchsichtig sind. Die kandierte Zitrone danach kalt stellen.
- Am nächsten Tag das Marmeladenglas samt Deckel mit heißem Wasser ausspülen und umgedreht auf einem Geschirrtuch oder etwas Küchenpapier trocknen lassen.
- Die Birnenmischung in einer beschichteten Pfanne bei starker Hitze 5 Min. kochen und immer wieder umrühren. Nach 3 Min. das Fruchtfleisch zerdrücken und die Zitronenstücke hinzufügen. Die Marmelade muss nicht abgeschäumt werden.
- Die Masse anschließend sofort in das Marmeladenglas füllen (das Glas muss randvoll sein). Das Glas fest zuschrauben und auf den Kopf stellen, bis die Marmelade vollständig erkaltet ist.

Sophies Tipp

Anstelle des Fruchtfleischs können Sie in der beschriebenen Weise
auch nur die Zitronenschale kandieren oder Sie ersetzen die
Zitrone durch ½ Orange oder 1 Limette.

Apfel-Bananen-Marmelade mit Espresso

Für 1 Glas (370 g)

150 g Apfel-Fruchtfleisch (z. B. etwa
2 Granny Smith oder Golden Delicious)
150 g Bananen-Fruchtfleisch
(etwa 2 Bananen)

Saft einer halben Zitrone
150 g Gelierzucker
50 ml Espresso oder starker Kaffee

- Die Früchte schälen. Die Äpfel halbieren und von den Kerngehäusen befreien. Sämtliches Fruchtfleisch würfeln und in einer Schüssel mit dem Zitronensaft, dem Zucker und dem Kaffee vermischen. Das Ganze mit Frischhaltefolie abdecken und über Nacht im Kühlschrank durchziehen lassen.
- Am nächsten Tag das Marmeladenglas und den Deckel mit heißem Wasser ausspülen und umgedreht auf einem Geschirrtuch oder einem Stück Küchenpapier trocknen lassen.
- Die Fruchtmischung in eine beschichtete Pfanne geben und bei starker Hitze 8 Min. kochen. Dabei gelegentlich umrühren. Das Fruchtfleisch 2 Min. vor Ende der Kochzeit mit einer Gabel zerdrücken. Die Marmelade muss nicht abgeschäumt werden.
- Die Masse anschließend sofort in das Marmeladenglas füllen (das Glas muss randvoll sein). Das Glas fest zuschrauben und auf den Kopf stellen, bis die Marmelade vollständig erkaltet ist.

Sophies Tipp

Der Kaffee kann durch Ceylontee oder einen Tee mit Frucht- oder Karamellaroma ersetzt werden. Hierzu sollte der Tee lange gezogen haben.

Apfel-Karamell-Marmelade mit Pekannüssen

Für 1 Glas (370 g)

250 g Apfel-Fruchtfleisch (etwa 3 Äpfel)
Saft einer Zitrone
150 g Zucker
20 g grobgehackte Pekannüsse

- Das Marmeladenglas und den Deckel mit heißem Wasser ausspülen und umgedreht auf einem Geschirrtuch oder einem Stück Küchenpapier trocknen lassen.
- Die Äpfel schälen, vierteln und die Kerngehäuse entfernen. Das Fruchtfleisch klein-schneiden und mit dem Zitronensaft vermischen.
- Für den Karamell den Zucker mit 1 EL Wasser in eine Kasserolle geben und 3 Min. stark erhitzen, bis er flüssig geworden ist und eine goldgelbe Farbe angenommen hat. Dabei nicht umrühren! Den Karamell über die Apfelstücke gießen, die Nüsse hinzufügen und alles miteinander vermengen.
- Die Fruchtmischung in einer beschichteten Pfanne bei starker Hitze 5 Min. kochen und dabei immer wieder umrühren. Das Fruchtfleisch 2 Min. vor Ende der Kochzeit mit einer Gabel zerdrücken. Die Marmelade muss nicht abgeschäumt werden.
- Die Masse anschließend sofort in das Marmeladenglas füllen (das Glas muss randvoll sein). Das Glas fest zuschrauben und auf den Kopf stellen, bis die Marmelade voll-ständig erkaltet ist.

Sophies Tipp

Anstelle der Pekannüsse können Sie gehackte Haselnüsse, Mandeln, Pinienkerne oder Walnüsse verwenden. Den Zitronensaft können Sie durch 3 cl Manzana Verde* ersetzen.

Orangenmarmelade mit Schokolade

Für 1 Glas (370 g)

250 g unbehandelte Orange (etwa 2 Orangen)
20 g Zartbitterschokolade
150 g Gelierzucker

- Die Orangen gründlich waschen und in dünne Scheiben schneiden. Die Kerne entfernen. Die Früchte in eine Kasserolle mit 400 ml Wasser geben, aufkochen und 20 Min. bei niedriger Hitze köcheln lassen. Die Orangenscheiben anschließend in eine Schüssel füllen und abkühlen lassen.
- Die Schokolade in Stücke brechen und mit dem Zucker und den Orangenscheiben vermischen. Das Ganze mit Frischhaltefolie abdecken und über Nacht im Kühlschrank durchziehen lassen.
- Am nächsten Tag das Marmeladenglas und den Deckel mit heißem Wasser ausspülen und umgedreht auf einem Geschirrtuch oder einem Stück Küchenpapier trocknen lassen.
- Die Fruchtmischung in eine beschichtete Pfanne geben und bei starker Hitze 8 Min. kochen. Dabei gelegentlich umrühren. Die Marmelade muss nicht abgeschäumt werden.
- Die Masse anschließend sofort in das Marmeladenglas füllen (das Glas muss randvoll sein). Das Glas fest zuschrauben und auf den Kopf stellen, bis die Marmelade vollständig erkaltet ist.

Sophies Tipp

Gegen Ende der Kochzeit können Sie die Fruchtmischung mit
1/2 TL kandierter Orange (siehe Seite 65) verfeinern.
Die Zartbitterschokolade kann durch Vollmilchschokolade ersetzt werden.

Honigmelonenmarmelade mit Pastis

Für 1 Glas (370 g)

300 g Honigmelonen-Fruchtfleisch (etwa 1 Honigmelone)
Saft einer halben Zitrone
150 g Gelierzucker
5 cl Pastis

- Die Melone halbieren und die Kerne entfernen. Das Fruchtfleisch herauslösen, kleinschneiden und in einer Schüssel mit dem Zitronensaft, dem Zucker und dem Pastis vermischen. Das Ganze mit Frischhaltefolie abdecken und über Nacht im Kühlschrank durchziehen lassen.
- Am nächsten Tag das Marmeladenglas und den Deckel mit heißem Wasser ausspülen und umgedreht auf einem Geschirrtuch oder einem Stück Küchenpapier trocknen lassen.
- Die Fruchtmischung in eine beschichtete Pfanne geben und bei starker Hitze 6 Min. kochen. Dabei gelegentlich umrühren. Das Fruchtfleisch 2 Min. vor Ende der Kochzeit mit einer Gabel zerdrücken. Die Marmelade muss nicht abgeschäumt werden.
- Die Masse anschließend sofort in das Marmeladenglas füllen (das Glas muss randvoll sein). Das Glas fest zuschrauben und auf den Kopf stellen, bis die Marmelade vollständig erkaltet ist.

Sophies Tipp

Der Pastis kann durch 5 cl Süßwein (z. B. Muscat de Beaumes de Venise), Rum oder Portwein ersetzt werden.

Kirschmarmelade mit Ingwer und Anis

Für 1 Glas (370 g)

300 g Süß- oder Sauerkirsch-Fruchtfleisch (etwa 500 g Früchte)
Saft einer halben Zitrone
150 g Gelierzucker
1 Msp. gemahlener Ingwer
2 Sternanis

- Die Kirschen waschen, abtropfen lassen, entstielen und entsteinen. Die Früchte in einer Schüssel mit dem Zitronensaft, dem Zucker, dem Ingwer und dem Anis vermischen, mit Frischhaltefolie abdecken und über Nacht im Kühlschrank durchziehen lassen.
- Am nächsten Tag das Marmeladenglas und den Deckel mit heißem Wasser ausspülen und umgedreht auf einem Geschirrtuch oder einem Stück Küchenpapier trocknen lassen.
- Die Fruchtmischung in einer beschichteten Pfanne bei starker Hitze 8 Min. kochen und dabei immer wieder umrühren. Die Kirschen 2 Min. vor Ende der Kochzeit mit einer Gabel zerdrücken. Die Marmelade muss nicht abgeschäumt werden.
- Die Masse anschließend sofort in das Marmeladenglas füllen (das Glas muss randvoll sein). Das Glas fest zuschrauben und auf den Kopf stellen, bis die Marmelade vollständig erkaltet ist.

Sophies Tipp

Sie können die Fruchtmischung vor dem Kochen mit
20 ml Pinot Noir verfeinern.

Papayamarmelade mit Gin

Für 1 Glas (370 g)

300 g Papaya-Fruchtfleisch (etwa 2 Papayas)
Saft einer Limette
150 g Gelierzucker
3 cl Gin

- Die Papayas halbieren und die Kerne entfernen. Das Fruchtfleisch herauslösen, kleinschneiden und in einer Schüssel mit dem Limettensaft, dem Zucker und dem Gin vermischen. Das Ganze mit Frischhaltefolie abdecken und über Nacht im Kühlschrank durchziehen lassen.
- Am nächsten Tag das Marmeladenglas und den Deckel mit heißem Wasser ausspülen und umgedreht auf einem Geschirrtuch oder einem Stück Küchenpapier trocknen lassen.
- Die Fruchtmischung in eine beschichtete Pfanne geben und bei starker Hitze 6 Min. kochen. Dabei gelegentlich umrühren. Das Fruchtfleisch 2 Min. vor Ende der Kochzeit mit einer Gabel zerdrücken. Die Marmelade muss nicht abgeschäumt werden.
- Die Masse anschließend sofort in das Marmeladenglas füllen (das Glas muss randvoll sein). Das Glas fest zuschrauben und auf den Kopf stellen, bis die Marmelade vollständig erkaltet ist.

Sophies Tipp

Der Gin kann durch Rum oder Malibu* ersetzt werden.

Milchmarmelade mit Haselnüssen

Für 1 Glas (370 g)

400 g gezuckerte Kondensmilch
1 EL grobgehackte Haselnüsse

- Die Milchdose ungeöffnet in eine große Kasserolle stellen und vollständig mit kochendem Wasser bedecken. Den Topfdeckel auflegen und das Ganze bei mittlerer Hitze 2 Std. kochen lassen. Die Dose anschließend herausnehmen und die Milch abkühlen lassen, bis sie lauwarm ist.
- Das Marmeladenglas und den Deckel mit heißem Wasser ausspülen und umgedreht auf einem Geschirrtuch oder einem Stück Küchenpapier trocknen lassen.
- Die Milchdose öffnen und den Inhalt in einer Schüssel mit den Nüssen vermischen.
- Die Masse in das Marmeladenglas füllen (das Glas muss randvoll sein). Das Glas fest zuschrauben und auf den Kopf stellen, bis die Marmelade vollständig erkaltet ist.

Sophies Tipp

Anstelle der Haselnüsse können Sie Krokant verwenden.

Orangenmarmelade mit Whisky

Für 1 Glas (370 g)

250 g unbehandelte Orange (etwa 2 Orangen)
150 g Gelierzucker
2 cl Whisky

- Die Orangen gründlich waschen, in dünne Scheiben schneiden und die Kerne entfernen. Die Orangenscheiben in eine Kasserolle mit 400 ml Wasser geben, aufkochen und 20 Min. bei niedriger Hitze köcheln lassen.
- Die Früchte anschließend in eine Schüssel füllen und abkühlen lassen. Die Orangen mit dem Zucker und dem Whisky vermischen, mit Frischhaltefolie abdecken und über Nacht im Kühlschrank durchziehen lassen.
- Am nächsten Tag das Marmeladenglas und den Deckel mit heißem Wasser ausspülen und umgedreht auf einem Geschirrtuch oder einem Stück Küchenpapier trocknen lassen.
- Die Fruchtmischung in eine beschichtete Pfanne geben und bei starker Hitze 8 Min. kochen. Dabei gelegentlich umrühren. Die Marmelade muss nicht abgeschäumt werden.
- Die Masse anschließend sofort in das Marmeladenglas füllen (das Glas muss randvoll sein). Das Glas fest zuschrauben und auf den Kopf stellen, bis die Marmelade vollständig erkaltet ist.

Sophies Tipp

Sie können den Whisky durch Cointreau, Grand Marnier
oder Pinot Noir ersetzen.

Exotische Marmelade

Für 1 Glas (370 g)

70 g Papaya-Fruchtfleisch (etwa 1 Papaya)
70 g Guaven-Fruchtfleisch (etwa 2 Guaven)
70 g Litschi-Fruchtfleisch (etwa 5 Litschis)
70 g Mango-Fruchtfleisch (etwa 1 Mango)
Saft einer Limette
140 g Gelierzucker
1 TL Kokosraspeln

- Die Papaya und die Guaven halbieren, die Kerne mit einem Löffel herausschaben und das Fruchtfleisch herauslösen. Die Litschis schälen, halbieren und die Kerne entfernen. Die Mango schälen und das Fruchtfleisch in Streifen vom Stein schneiden. Sämtliche Früchte kleinschneiden und das Fruchtfleisch in einer Schüssel mit dem Limettensaft, dem Zucker und den Kokosraspeln vermischen. Das Ganze mit Frischhaltefolie abdecken und über Nacht im Kühlschrank durchziehen lassen.
- Am nächsten Tag das Marmeladenglas und den Deckel mit heißem Wasser ausspülen und umgedreht auf einem Geschirrtuch oder einem Stück Küchenpapier trocknen lassen.
- Die Fruchtmischung in einer beschichteten Pfanne bei starker Hitze 8 Min. kochen und dabei immer wieder umrühren. Das Fruchtfleisch 2 Min. vor Ende der Kochzeit mit einer Gabel zerdrücken. Die Marmelade muss nicht abgeschäumt werden.
- Die Masse anschließend sofort in das Marmeladenglas füllen (das Glas muss randvoll sein). Das Glas fest zuschrauben und auf den Kopf stellen, bis die Marmelade vollständig erkaltet ist.

Sophies Tipp

Sie können die Fruchtmischung vor dem Kochen mit
3 cl Malibu* verfeinern.

Birnen-Karamell-Marmelade mit Rum

Für 1 Glas (370 g)

250 g Birnen-Fruchtfleisch (z. B. etwa 3 Williams Christ)
Saft einer halben Zitrone
2 cl Rum
150 g Zucker

- Das Marmeladenglas und den Deckel mit heißem Wasser ausspülen und umgedreht auf einem Geschirrtuch oder einem Stück Küchenpapier trocknen lassen.
- Die Birnen schälen, vierteln und die Kerngehäuse entfernen. Das Fruchtfleisch kleinschneiden und in einer Schüssel mit dem Zitronensaft und dem Rum vermischen.
- Für den Karamell den Zucker mit 1 EL Wasser in eine Kasserolle geben und etwa 3 Min. stark erhitzen, bis er flüssig geworden ist und eine goldgelbe Farbe angenommen hat. Dabei nicht umrühren! Den Karamell über die Birnen gießen und untermengen.
- Die Fruchtmischung in einer beschichteten Pfanne bei starker Hitze 5 Min. kochen und dabei gelegentlich umrühren. Das Fruchtfleisch 2 Min. vor Ende der Kochzeit mit einer Gabel zerdrücken. Die Marmelade muss nicht abgeschäumt werden.
- Die Masse anschließend sofort in das Marmeladenglas füllen (das Glas muss randvoll sein). Das Glas fest zuschrauben und auf den Kopf stellen, bis die Marmelade vollständig erkaltet ist.

Sophies Tipp

Vor dem Kochen können Sie die Fruchtmischung mit
1 TL gemahlener Vanille oder 1 Vanilleschote verfeinern.
Die Birnen können zur Hälfte durch Ananas und der Rum kann
durch Birnengeist oder -likör ersetzt werden.

Klassische Kompotte

Rhabarberkompott

Für 4 Personen

500 g Rhabarber (etwa 4 Rhabarberstangen)
150 g Zucker
1 Päckchen Vanillezucker

- Den Rhabarber von den Stielenden befreien, die Schale abziehen und die Stangen in etwa 0,5 cm große Stücke schneiden.
- Die Rhabarberstücke zusammen mit dem Zucker, dem Vanillezucker und 4 EL Wasser in eine beschichtete Pfanne geben, das Ganze vermengen und bei niedriger Hitze 15 Min. köcheln lassen. Dabei gelegentlich umrühren.
- Das Kompott anschließend in eine Schüssel füllen.

Das Rhabarberkompott kann kalt mit Munster*-Käse, Quark oder Joghurt oder mit einem Erdbeersalat und etwas Crème fraîche genossen werden. Warm passt es zu Fischfilet, etwa vom Petersfisch. Außerdem eignet es sich hervorragend als Belag für süße Tarteböden.

Luftdicht verschlossen ist das Kompott im Kühlschrank 3 Tage haltbar.

Sophies Tipp

Vor dem Kochen können Sie die Fruchtmischung mit
1 Msp. gemahlenem Ingwer verfeinern.
Anstelle des Wassers können Sie Orangensaft verwenden.

Birnenkompott

Für 4 Personen

4 Birnen (z. B. Williams Christ)
1 TL Butter (nach Belieben)
100 g Zucker
1 Päckchen Vanillezucker

- Die Birnen schälen, vierteln, die Kerngehäuse entfernen und das Fruchtfleisch in Stücke schneiden.
- Die Butter in einer beschichteten Pfanne zerlassen. Die Birnenstücke, den Zucker, den Vanillezucker und 4 EL Wasser hinzufügen, das Ganze vermengen und bei niedriger Hitze 8 Min. köcheln lassen. Dabei von Zeit zu Zeit umrühren.
- Das Kompott anschließend in eine Schüssel füllen.

Das Birnenkompott kann kalt mit Quark oder Joghurt oder zu Ziegenkäse serviert werden. Außerdem eignet es sich hervorragend als Belag für süße Tarteböden.

Luftdicht verschlossen ist das Kompott im Kühlschrank 3 Tage haltbar.

Sophies Tipp

Verfeinern Sie die Fruchtmischung vor dem Kochen mit
2 Msp. Kardamom oder gemahlenem Zimt.
Das Wasser kann durch 20 ml roten Burgunder oder
2 cl Birnenlikör ersetzt werden.

Apfel-Himbeer-Kompott

Für 4 Personen

3 Äpfel (z. B. Golden Delicious, Gala oder Renette)
200 g Himbeeren
1 TL Butter (nach Belieben)
100 g Zucker
1 Päckchen Vanillezucker

- Die Äpfel schälen, vierteln, die Kerngehäuse entfernen und das Fruchtfleisch in Stücke schneiden. Die Himbeeren verlesen, aber nicht waschen.
- Die Butter in einer beschichteten Pfanne zerlassen. Die Apfelstücke, die Himbeeren, den Zucker, den Vanillezucker und 4 EL Wasser hinzufügen, das Ganze vermengen und bei niedriger Hitze 20 Min. köcheln lassen. Dabei gelegentlich umrühren.
- Das Kompott anschließend im Mixer 5 Sek. pürieren und danach in eine Schüssel füllen.

Das Apfel-Himbeer-Kompott schmeckt kalt mit Quark oder Joghurt oder pur mit Sandgebäck. Zudem eignet es sich hervorragend als Belag für süße Tarteböden und als Füllung für Blätterteigtaschen.

Luftdicht verschlossen ist das Kompott im Kühlschrank 3 Tage haltbar.

Sophies Tipp

Verfeinern Sie die Fruchtmischung vor dem Kochen mit 1 TL Mandelblättchen.
Anstelle des Wassers können Sie 20 ml Himbeer- oder
Schwarze-Johannisbeeren-Sirup verwenden.

Kirschkompott

Für 4 Personen

800 g Süß- oder Sauerkirschen (z. B. Burlat oder Griotte)
1 TL Butter (nach Belieben)
100 g Zucker
1 Päckchen Vanillezucker

- Die Kirschen waschen, abtropfen lassen, entstielen und entsteinen.
- Die Butter in einer beschichteten Pfanne zerlassen. Die Kirschen, den Zucker, den Vanillezucker und 4 EL Wasser hinzufügen, das Ganze vermengen und bei niedriger Hitze 20 Min. köcheln lassen. Dabei gelegentlich umrühren.
- Das Kompott anschließend in eine Schüssel füllen.

Das Kirschkompott kann kalt mit Quark oder Joghurt oder als Beilage zu Entenbrustfilets serviert werden. Auch passt es hervorragend zu Quatre-quarts* oder Madeleines.

Luftdicht verschlossen ist das Kompott im Kühlschrank 3 Tage haltbar.

Sophies Tipp

Sie können die Fruchtmischung vor dem Kochen wahlweise mit
1 Zimtstange, 2 Gewürznelken oder 1 EL Mandelblättchen verfeinern.

Ananaskompott

Für 4 Personen

400 g Babyananas (etwa 3 Babyananas)
1 TL Butter (nach Belieben)
100 g Zucker
1 Päckchen Vanillezucker

- Die Ananas schälen, die Augen entfernen und das Fruchtfleisch in Stücke schneiden.
- Die Butter in einer beschichteten Pfanne zerlassen. Die Ananasstücke, den Zucker, den Vanillezucker und 4 EL Wasser hinzufügen, das Ganze vermengen und bei niedriger Hitze 20 Min. köcheln lassen. Dabei gelegentlich umrühren.
- Das Kompott anschließend in eine Schüssel füllen.

Das Ananaskompott schmeckt kalt zu Milchreis oder Baba au rhum*. Außerdem passt es hervorragend zu Crêpes.

Luftdicht verschlossen ist das Kompott im Kühlschrank 3 Tage haltbar.

Sophies Tipp

Vor dem Kochen können Sie die Fruchtmischung mit
1 EL Korinthen oder Kokosraspeln verfeinern.

Pfirsich-Nektarinen-Kompott

Für 4 Personen

3 gelb- oder weißfleischige Pfirsiche
3 Nektarinen oder Brugnolen*
1 TL Butter (nach Belieben)
100 g Zucker
1 Päckchen Vanillezucker

- Die Pfirsiche und die Nektarinen schälen, halbieren, die Steine entfernen und das Fruchtfleisch in Stücke schneiden.
- Die Butter in einer beschichteten Pfanne zerlassen. Die Fruchtstücke, den Zucker, den Vanillezucker und 4 EL Wasser hinzufügen, das Ganze vermengen und bei niedriger Hitze 15 Min. köcheln lassen. Dabei gelegentlich umrühren.
- Das Kompott anschließend in eine Schüssel füllen.

Das Pfirsich-Nektarinen-Kompott kann kalt mit Quark oder Joghurt sowie zu Milchreis oder Vanilleeis serviert werden. Zudem eignet es sich hervorragend als Belag für süße Tarteböden.

Luftdicht verschlossen ist das Kompott im Kühlschrank 3 Tage haltbar.

Sophies Tipp

Verfeinern Sie die Fruchtmischung vor dem Kochen mit
1 EL Pinienkernen oder 1 Zimtstange.

Aprikosenkompott

Für 4 Personen

600 g Aprikosen
1 TL Butter (nach Belieben)
100 g Zucker
1 Päckchen Vanillezucker

- Die Aprikosen in einem Sieb unter fließendem kalten Wasser waschen, danach halbieren und die Steine entfernen.
- Die Butter in einer beschichteten Pfanne zerlassen. Die Früchte, den Zucker, den Vanillezucker und 4 EL Wasser hinzufügen, das Ganze vermengen und bei niedriger Hitze 15 Min. köcheln lassen. Dabei gelegentlich umrühren.
- Das Kompott anschließend in eine Schüssel füllen.

Das Aprikosenkompott schmeckt kalt mit Quark oder Joghurt sowie zu Milchreis, Pfannkuchen oder einer Brioche. Auch eignet es sich hervorragend als Belag für süße Tarteböden.

Luftdicht verschlossen ist das Kompott im Kühlschrank 3 Tage haltbar.

Sophies Tipp

Sie können die Fruchtmischung vor dem Kochen mit
1 EL Mandelblättchen verfeinern.
Das Wasser kann durch 4 EL Orangenblütenwasser ersetzt werden.

Apfelkompott

Für 4 Personen

4 Äpfel (z. B. Golden Delicious, Gala oder Renette)
1 TL Butter (nach Belieben)
100 g Zucker
1 Päckchen Vanillezucker

- Die Äpfel schälen, vierteln, die Kerngehäuse entfernen und das Fruchtfleisch in Stücke schneiden.
- Die Butter in einer beschichteten Pfanne zerlassen. Die Apfelstücke, den Zucker, den Vanillezucker und 4 EL Wasser hinzufügen, das Ganze vermengen und bei niedriger Hitze 20 Min. köcheln lassen. Dabei gelegentlich umrühren.
- Das Kompott anschließend in eine Schüssel füllen.

Das Apfelkompott kann kalt mit Quark oder Joghurt und warm als Beilage zu Wild oder Blutwurst serviert werden. Darüber hinaus eignet es sich hervorragend als Belag für süße Tarteböden und als Füllung für Blätterteigtaschen.

Luftdicht verschlossen ist das Kompott im Kühlschrank 3 Tage haltbar.

Sophies Tipp

Verfeinern Sie die Fruchtmischung vor dem Kochen mit
2 Msp. gemahlenem Zimt oder Ingwer oder mit 1 TL Korinthen.
Das Wasser kann durch 2 cl Calvados, herben Cidre oder
Manzana Verde* ersetzt werden.

Quittenkompott

Für 4 Personen

3 Quitten
100 g Zucker
1 Päckchen Vanillezucker
Saft einer Zitrone oder einer Orange

- Die Quitten schälen, halbieren, die Kerngehäuse entfernen und die Früchte je nach Größe vierteln oder sechsteln. Die Fruchtspalten in eine Kasserolle mit siedendem Wasser geben und 3 Min. kochen. Die Quitten danach in einem Sieb abtropfen lassen und das Fruchtfleisch in Stücke schneiden.
- Die Quittenstücke zusammen mit dem Zucker, dem Vanillezucker, dem Zitronensaft und 4 EL Wasser in eine beschichtete Pfanne geben, das Ganze vermengen und bei niedriger Hitze 25 Min. köcheln lassen. Dabei gelegentlich umrühren.
- Das Kompott anschließend in eine Schüssel füllen.

Das Quittenkompott schmeckt kalt mit Quark, Joghurt oder einem italienischen Käse (z. B. Provolone* oder Ricotta). Sie können es aber auch kalt oder warm als Beilage zu Fasan reichen.

Luftdicht verschlossen ist das Kompott im Kühlschrank 3 Tage haltbar.

Sophies Tipp

Verfeinern Sie die Fruchtmischung vor dem Kochen wahlweise mit
1 EL gehackten Hasel- oder Walnüssen, 1 Msp. gemahlenem Zimt oder
Viergewürzpulver* oder 1 TL frisch geriebenem Ingwer.

Feigenkompott

Für 4 Personen

600 g schwarze, violette oder weiße Feigen
100 g Zucker
1 Päckchen Vanillezucker

- Die Feigen in einem Sieb unter fließendem kalten Wasser waschen, von den Stielansätzen befreien und in Stücke schneiden.
- Die Früchte zusammen mit dem Zucker, dem Vanillezucker und 4 EL Wasser in eine beschichtete Pfanne geben, das Ganze vermengen und bei niedriger Hitze 20 Min. köcheln lassen. Dabei gelegentlich umrühren.
- Das Kompott anschließend in eine Schüssel füllen.

Das Feigenkompott schmeckt kalt mit Quark sowie zu Foie gras (Stopfleber) oder Ziegenkäse. Zudem passt es warm oder kalt ausgezeichnet zu Fasan oder Entenbrustfilet und eignet sich hervorragend als Belag für süße Tarteböden.

Luftdicht verschlossen ist das Kompott im Kühlschrank 3 Tage haltbar.

Sophies Tipp

Sie können die Fruchtmischung vor dem Kochen wahlweise mit
1 EL gehackten Walnüssen, 1/2 TL gemahlenem Wacholder,
1 TL gemahlener Vanille oder 1 Vanilleschote verfeinern.

Mirabellenkompott

Für 4 Personen

800 g Mirabellen
1 TL Butter (nach Belieben)
100 g Zucker
1 Päckchen Vanillezucker

- Die Mirabellen in einem Sieb unter fließendem kalten Wasser waschen, danach halbieren und die Steinkerne entfernen.
- Die Butter in einer beschichteten Pfanne zerlassen. Die Mirabellen, den Zucker, den Vanillezucker und 4 EL Wasser hinzufügen, das Ganze vermengen und bei niedriger Hitze 15 Min. köcheln lassen. Dabei gelegentlich umrühren.
- Das Kompott anschließend in eine Schüssel füllen.

Das Mirabellenkompott kann kalt zu Sahnequark, Crème fraîche, Vanilleeis oder Sandgebäck serviert werden.

Luftdicht verschlossen ist das Kompott im Kühlschrank 3 Tage haltbar.

Sophies Tipp

Verfeinern Sie die Fruchtmischung vor dem Kochen wahlweise
mit 1 EL Mandelblättchen, 1 TL gemahlener Vanille, 1 Vanilleschote
oder 1 Msp. gemahlenem Kardamom.

Apfel-Bananen-Kompott

Für 4 Personen

3 Äpfel (z. B. Golden Delicious, Gala oder Renette)
2 Bananen
1 TL Butter (nach Belieben)
100 g Zucker
1 Päckchen Vanillezucker

- Die Äpfel schälen, vierteln und die Kerngehäuse entfernen. Die Bananen ebenfalls schälen und sämtliche Früchte in Stücke schneiden.
- Die Butter in einer beschichteten Pfanne zerlassen. Die Fruchtstücke, den Zucker, den Vanillezucker und 4 EL Wasser hinzufügen, das Ganze vermengen und bei niedriger Hitze 20 Min. köcheln lassen. Dabei gelegentlich umrühren.
- Das Kompott anschließend in eine Schüssel füllen.

Das Apfel-Bananen-Kompott schmeckt kalt mit Quark oder Joghurt sowie zu Foie gras (Stopfleber). Warm kann es zu Kalbfleisch serviert werden. Darüber hinaus eignet es sich hervorragend als Belag für süße Tarteböden.

Luftdicht verschlossen ist das Kompott im Kühlschrank 3 Tage haltbar.

Sophies Tipp

Sie können die Fruchtmischung vor dem Kochen mit
1 TL Kokosraspeln verfeinern. Das Wasser kann durch
2 cl Malibu* oder Manzana Verde* ersetzt werden.

Zwetschgen-Renekloden-Kompott

Für 4 Personen

8 Zwetschgen
8 Renekloden
1 TL Butter (nach Belieben)
100 g Zucker
1 Päckchen Vanillezucker

- Die Früchte in einem Sieb unter fließendem kalten Wasser waschen, danach halbieren und die Steinkerne entfernen.
- Die Butter in einer beschichteten Pfanne zerlassen. Die Fruchthälften, den Zucker, den Vanillezucker und 4 EL Wasser hinzufügen, das Ganze vermengen und bei niedriger Hitze 15 Min. köcheln lassen. Dabei gelegentlich umrühren.
- Das Kompott anschließend in eine Schüssel füllen.

Das Zwetschgen-Renekloden-Kompott schmeckt kalt mit Quark oder Joghurt, Vanilleeis oder Lebkuchen.

Luftdicht verschlossen ist das Kompott im Kühlschrank 3 Tage haltbar.

Sophies Tipp

Sie können die Fruchtmischung vor dem Kochen wahlweise mit
1 EL Mandelblättchen, 1 TL gemahlener Vanille oder 1 Vanilleschote
verfeinern und das Wasser durch 2 EL Rum ersetzen.

Karamellisiertes Apfel-Birnen-Kompott

Für 4 Personen

3 Äpfel (z. B. Golden Delicious, Gala oder Renette)
3 Birnen (z. B. Williams Christ)
Saft einer halben Zitrone
150 g Zucker

- Die Früchte schälen, vierteln und die Kerngehäuse entfernen. Das Fruchtfleisch in Stücke schneiden und in einer Schüssel mit dem Zitronensaft vermischen.
- Für den Karamell den Zucker mit 1 EL Wasser in eine beschichtete Pfanne geben und etwa 3 Min. stark erhitzen, bis der Zucker flüssig geworden ist und eine goldgelbe Farbe angenommen hat. Dabei nicht umrühren!
- Die Fruchtmischung hinzufügen, das Ganze vermengen und bei niedriger Hitze 20 Min. köcheln lassen. Dabei gelegentlich umrühren.
- Das Kompott anschließend in eine Schüssel füllen.

Das karamellisierte Apfel-Birnen-Kompott kann kalt mit Quark oder Joghurt sowie zu Ziegenkäse serviert werden. Auch eignet es sich hervorragend als Belag für süße Tarteböden.

Luftdicht verschlossen ist das Kompott im Kühlschrank 3 Tage haltbar.

Sophies Tipp

Verfeinern Sie die Fruchtmischung vor dem Kochen wahlweise mit
1 Msp. geriebener Muskatnuss, 1 Prise Cayennepfeffer oder 3 Thymianzweigen.
Dem Karamell können Sie während der Zubereitung 1 TL Cidre-Essig beifügen.

Kompott für kleine Genießer

300 g Aprikosen
250 g Himbeeren
1 Päckchen Vanillezucker

· Die Aprikosen in einem Sieb unter fließendem kalten Wasser waschen, anschließend vierteln und die Kerne entfernen. Die Himbeeren verlesen, aber nicht waschen.
· Die Aprikosenviertel zusammen mit den Himbeeren, dem Vanillezucker und 4 EL Wasser in eine beschichtete Pfanne geben, das Ganze vermengen und bei niedriger Hitze 15 Min. köcheln lassen. Dabei gelegentlich umrühren.
· Das Kompott im Mixer 5 Sek. pürieren und danach in eine Schüssel füllen.

Das Kompott schmeckt kalt mit Löffelbiskuits, Sahnequark oder Petit Suisse*.

Luftdicht verschlossen ist das Kompott im Kühlschrank 3 Tage haltbar. Sie können es auch in einen Eiswürfelbehälter füllen und einfrieren. So haben Sie stets eine Portion zur Hand, wenn ihr Kind danach fragt.

Sophies Tipp

Dieses Kompott eignet sich hervorragend für Kleinkinder ab sechs Monaten. Die Aprikosen und Himbeeren können durch andere Früchte Ihrer Wahl ersetzt werden, die Sie auf die gleiche Weise zubereiten. Süßen Sie gegebenenfalls mit etwas Zucker nach. Vorsicht bei Erdbeeren: Babys sind häufig dagegen allergisch. Warten Sie damit lieber, bis Ihr Kind etwa ein Jahr alt ist.

Traubenkompott

Für 4 Personen

600 g weiße oder blaue Weintrauben
1 TL Butter (nach Belieben)
100 g Zucker

· Die Weintrauben waschen und von den Stielen zupfen. Die Früchte halbieren, und die Kerne mit Hilfe einer Büroklammer entfernen.
· Die Butter in einer beschichteten Pfanne zerlassen. Die Weintrauben, den Zucker und 4 EL Wasser hinzufügen, das Ganze vermengen und bei niedriger Hitze 10 Min. köcheln lassen. Dabei gelegentlich umrühren.
· Das Kompott anschließend in eine Schüssel füllen.

Das Traubenkompott kann kalt zu Foie gras (Stopfleber), Ente oder Käse, zum Beispiel Camembert oder Ziegenkäse, serviert werden.

Luftdicht verschlossen ist das Kompott im Kühlschrank 3 Tage haltbar.

Sophies Tipp

Die Schalen und Kerne der Weintrauben lassen sich ganz einfach entfernen, indem man die Früchte durch eine Gemüsepresse drückt.
Sie können die Fruchtmischung vor dem Kochen mit 1 EL gehackten Walnüssen verfeinern und das Wasser durch 1 EL Balsamico-Essig ersetzen.

Pfirsich-Johannisbeer-Kompott

Für 4 Personen

3 gelb- oder weißfleischige Pfirsiche
250 g Schwarze Johannisbeeren
1 TL Butter (nach Belieben)
100 g Zucker
1 Päckchen Vanillezucker

- Die Pfirsiche schälen und halbieren, die Steine entfernen und das Fruchtfleisch in Stücke schneiden. Die Johannisbeeren von den Rispen streifen und in einem Sieb unter fließendem kalten Wasser waschen.
- Die Butter in einer beschichteten Pfanne zerlassen. Die Früchte, den Zucker, den Vanillezucker und 4 EL Wasser hinzufügen, das Ganze vermengen und bei niedriger Hitze köcheln lassen. Dabei gelegentlich umrühren.
- Das Kompott anschließend in eine Schüssel füllen.

Das Pfirsich-Johannisbeer-Kompott schmeckt kalt mit Quark oder Joghurt und zu Crêpes. Wenn Sie einen Becher Joghurt untermischen, können Sie daraus Eiscreme herstellen. Genauso gut kann es warm oder kalt zu Wild serviert werden.

Luftdicht verschlossen ist das Kompott im Kühlschrank 3 Tage haltbar.

Sophies Tipp

Sie können die Fruchtmischung vor dem Kochen mit 5 feingeschnittenen Minzeblättchen oder 1 TL Lavendelsamen verfeinern und das Wasser durch Manzana Verde*, Pfirsich- oder Schwarze-Johannisbeeren-Sirup ersetzen.

Ananas-Mango-Kompott

Für 4 Personen

2 Babyananas
1 Mango
120 g Zucker
1 Päckchen Vanillezucker

- Die Ananas schälen, die Augen entfernen und das Fruchtfleisch in Stücke schneiden. Die Mango ebenfalls schälen und das Fruchtfleisch in Streifen vom Stein schneiden.
- Die Fruchtstücke zusammen mit dem Zucker, dem Vanillezucker und 4 EL Wasser in eine beschichtete Pfanne geben, das Ganze vermengen und bei niedriger Hitze 15 Min. köcheln lassen. Dabei gelegentlich umrühren.
- Das Kompott anschließend in eine Schüssel füllen.

Das Ananas-Mango-Kompott kann kalt zu einem Bananencake, mit Milchreis oder Kokoseis serviert werden. Es schmeckt aber auch warm oder kalt zu Schweinebraten, Wachteln oder Räucherschinken.

Luftdicht verschlossen ist das Kompott im Kühlschrank 3 Tage haltbar.

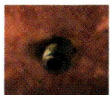

Sophies Tipp

Verfeinern Sie die Fruchtmischung vor dem Kochen wahlweise mit
1 TL gemahlener Vanille, 1 Vanilleschote oder 1 EL Kokosraspeln.

Erdbeerkompott

Für 4 Personen

500 g Erdbeeren
100 g Zucker
1 Päckchen Vanillezucker

- Die Erdbeeren waschen und abtropfen lassen. Die Stielansätze entfernen und die Früchte halbieren.
- Die Erdbeeren zusammen mit dem Zucker, dem Vanillezucker und 4 EL Wasser in eine beschichtete Pfanne geben, das Ganze vermengen und bei niedriger Hitze 10 Min. köcheln lassen. Dabei gelegentlich umrühren.
- Das Kompott anschließend in eine Schüssel füllen.

Das Erdbeerkompott schmeckt kalt mit Quark oder Joghurt oder zu einem süßen Omelett. Genauso gut kann es unter einen Obstsalat gemischt werden.

Luftdicht verschlossen ist das Kompott im Kühlschrank 3 Tage haltbar.

Sophies Tipp

Vor dem Kochen können Sie die Fruchtmischung wahlweise mit 1 TL gemahlener Vanille, 1 Vanilleschote, 5 Pfefferminzblättchen, 1 TL frisch geriebenem Ingwer oder einigen Sarawak-Pfefferkörnern* verfeinern.

Kompott für Eilige

Für 4 Personen

1 große Dose Fruchtcocktail
1 Päckchen Vanillezucker

- Die Früchte abgießen und den Saft dabei auffangen.
- Die Früchte zusammen mit dem Vanillezucker und 2 EL Saft in eine beschichtete Pfanne geben, das Ganze vermengen und bei niedriger Hitze 8 Min. köcheln lassen. Dabei gelegentlich umrühren.
- Das Kompott anschließend in eine Schüssel füllen.

Das Kompott für Eilige schmeckt kalt mit Bananen, heißer Schokoladensauce und Schlagsahne. Es kann aber auch mit Magerquark und Crème fraîche (im Verhältnis 2:1) vermischt und als Füllung für eine Charlotte* verwendet werden.

Luftdicht verschlossen ist das Kompott im Kühlschrank 3 Tage haltbar.

Sophies Tipp

Sie können die Fruchtmischung vor dem Kochen wahlweise mit
1 TL gemahlener Vanille, 1 Vanilleschote, 1 Msp. gemahlener Muskatblüte,
1 Sternanis oder 1 Zimtstange verfeinern.

Sophies Kompotte

Kompott nach Winzerart

Für 4 Personen

3 Birnen (z. B. Williams Christ)
2 Äpfel (z. B. Golden Delicious oder Gala)
2 gelb- oder weißfleischige Pfirsiche
750 ml kräftiger Rotwein
300 g Zucker
1 Gewürznelke
1 Zimtstange
1 Msp. gemahlene Muskatnuss

- Die Birnen und die Äpfel schälen, vierteln und die Kerngehäuse herausschneiden. Die Pfirsiche ebenfalls schälen und halbieren und die Steine entfernen.
- Den Rotwein, den Zucker und die Gewürze in eine beschichtete Pfanne geben und vermengen. Die Früchte hinzufügen und das Ganze bei niedriger Hitze 1 Std. köcheln lassen. Dabei gelegentlich umrühren.
- Das Kompott anschließend in eine Schüssel füllen und die Zimtstange entfernen.

Das Kompott nach Winzerart schmeckt kalt mit Vanilleeis.

Luftdicht verschlossen ist das Kompott im Kühlschrank 3 Tage haltbar.

Sophies Tipp

Der Rotwein kann durch Earl-Grey-Tee ersetzt werden.

Zitrusfrucht-Kürbis-Kompott mit Honig

Für 4 Personen

2 Orangen	5 EL flüssiger Honig
2 Zitronen	1 EL Korinthen oder Sultaninen
400 g Hokkaidokürbis	3 cl brauner Rum

- Die Korinthen im Rum einweichen.
- Die Orangen und die Zitronen schälen und die weiße Haut möglichst vollständig entfernen. Das Fruchtfleisch mit einem scharfen Messer filetieren und in Stücke schneiden. Die Kerne entfernen. Den Kürbis schälen und halbieren, die Kerne entfernen und das Fruchtfleisch würfeln.
- Den Kürbis, die Zitrusfrüchte, den Honig und die Korinthen mit dem Rum in eine beschichtete Pfanne geben, das Ganze vermengen und bei niedriger Hitze 20 Min. köcheln lassen. Dabei gelegentlich umrühren.
- Das Kompott anschließend in eine Schüssel füllen.

Luftdicht verschlossen ist das Kompott im Kühlschrank 3 Tage haltbar.

Sophies Tipp

Wenn Sie 100 g geschlagene Sahne unter das Kompott rühren und es danach in den Kühlschrank stellen, erhalten Sie eine herrliche Mousse. Den Rum können Sie durch 50 ml Kokosmilch und die Rosinen durch 1 EL gehackte Pekannüsse ersetzen.

Mirabellenkompott mit Gewürztraminer

Für 4 Personen

800 g Mirabellen
1 TL Butter (nach Belieben)
100 g Zucker
5 feingeschnittene Estragonblätter
20 ml Gewürztraminer

- Die Mirabellen in einem Sieb unter fließendem kalten Wasser waschen, danach halbieren und die Steinkerne entfernen.
- Die Butter in einer beschichteten Pfanne zerlassen. Die Mirabellen, den Zucker, den Estragon, den Wein und 4 EL Wasser hinzufügen, das Ganze vermengen und bei niedriger Hitze köcheln lassen. Dabei gelegentlich umrühren.
- Das Kompott anschließend in eine Schüssel füllen.

Das Mirabellenkompott kann kalt in einer ausgehöhlten Melonenhälfte serviert werden. Darüber hinaus passt es warm oder kalt hervorragend zu Schweinefleisch, Perlhuhn oder frisch gebratener Foie gras (Stopfleber).

Luftdicht verschlossen ist das Kompott im Kühlschrank 3 Tage haltbar.

Sophies Tipp

Der Estragon kann durch 1 TL Lavendelsamen ersetzt werden.

Aprikosenkompott »kreolische Art«

Für 4 Personen

4 Aprikosen	120 g Zucker
1 Banane	Saft einer halben Zitrone
2 Babyananas	3 cl Malibu*
2 Orangen	

- Die Aprikosen in einem Sieb unter fließendem kalten Wasser waschen, danach halbieren, die Steine entfernen und das Fruchtfleisch in Stücke schneiden. Die Banane schälen und in Scheiben schneiden. Die Ananas schälen, die Augen entfernen und das Fruchtfleisch in Stücke schneiden. Die Orangen schälen und die weiße Haut möglichst vollständig entfernen. Das Fruchtfleisch mit einem scharfen Messer filetieren und in Stücke schneiden. Die Kerne entfernen.
- Die Früchte zusammen mit dem Zucker, dem Zitronensaft und dem Malibu in eine beschichtete Pfanne geben, das Ganze vermengen und bei niedriger Hitze 11 Min. köcheln lassen. Dabei gelegentlich umrühren.
- Das Kompott anschließend in eine Schüssel füllen.

Das Aprikosenkompott eignet sich hervorragend als Füllung für Blätterteigtaschen oder einen Blätterteigkuchen.

Luftdicht verschlossen ist das Kompott im Kühlschrank 3 Tage haltbar.

Sophies Tipp

Sie können den Malibu* durch 50 ml Kokosmilch ersetzen.

Honigmelonenkompott mit Kirschtomaten

Für 4 Personen

1 Honigmelone
200 g Kirschtomaten
120 g Zucker
5 feingeschnittene Basilikumblättchen

- Die Melone halbieren und die Kerne entfernen. Mit einem Kugelausstecher Kugeln aus dem Fruchtfleisch abstechen oder das Fruchtfleisch mit einem scharfen Messer in Stücke schneiden. Die Kirschtomaten waschen und trockentupfen.
- Die Melonenkugeln und die Kirschtomaten zusammen mit dem Zucker und 4 EL Wasser in eine beschichtete Pfanne geben, das Ganze vermengen und bei niedriger Hitze 15 Min. köcheln lassen. Dabei gelegentlich umrühren.
- Das Kompott anschließend in eine Schüssel füllen und mit dem Basilikum bestreuen.

Das Melonenkompott schmeckt kalt zu Toast mit rohem Schinken und einem grünen Salat.

Luftdicht verschlossen ist das Kompott im Kühlschrank 3 Tage haltbar.

Sophies Tipp

Das Wasser kann durch 2 cl Portwein ersetzt werden.

Kirschkompott mit Rosmarin

Für 4 Personen

800 g Süß- oder Sauerkirschen (z. B. Burlat oder Griotte)
1 TL Butter (nach Belieben)
5 EL flüssiger Honig
1/2 TL getrockneter Rosmarin

- Die Kirschen waschen, abtropfen lassen, entstielen und entsteinen.
- Die Butter in einer beschichteten Pfanne zerlassen. Die Kirschen, den Honig und den Rosmarin hinzufügen, das Ganze vermengen und bei niedriger Hitze 20 Min. köcheln lassen. Dabei gelegentlich umrühren.
- Das Kompott anschließend in eine Schüssel füllen.

Das Kirschkompott kann warm oder kalt zu Kaninchen und Perlhuhn serviert werden. Zudem schmeckt es hervorragend zu einem Flan und eignet sich zur Herstellung eines Clafoutis*.

Luftdicht verschlossen ist das Kompott im Kühlschrank 3 Tage haltbar.

Sophies Tipp

Sie können den Rosmarin durch 1 TL Lavendelsamen ersetzen.

Feigen-Zwetschgen-Kompott

Für 4 Personen

8 schwarze, violette oder weiße Feigen
5 Zwetschgen oder Renekloden
1 TL Butter (nach Belieben)
100 g Zucker
1 Päckchen Vanillezucker
2 cl Mirabellen- oder Zwetschgenlikör

- Die Feigen in einem Sieb unter fließendem kalten Wasser waschen, schälen und in Stücke schneiden. Die Zwetschgen waschen und abtropfen lassen. Die Früchte halbieren, die Steinkerne entfernen und das Fruchtfleisch kleinschneiden.
- Die Butter in einer beschichteten Pfanne zerlassen. Sämtliche Früchte, den Zucker, den Vanillezucker und den Likör hinzufügen, das Ganze vermengen und bei niedriger Hitze 20 Min. köcheln lassen. Dabei gelegentlich umrühren.
- Das Kompott anschließend in eine Schüssel füllen.

Das Feigen-Zwetschgen-Kompott genießt man am besten kalt zu Ziegenkäse.

Luftdicht verschlossen ist das Kompott im Kühlschrank 3 Tage haltbar.

Sophies Tipp

Den Likör können Sie durch Banyuls*,
Mirabellen- oder Zwetschgengeist ersetzen.

Früchte in Branntwein

Für 1 Einmachglas (2 Liter)

125 g Erdbeeren
125 g Kirschen
125 g Himbeeren
200 g Aprikosen-
Fruchtfleisch
(etwa 3 Aprikosen)

200 g Pfirsich-
Fruchtfleisch
(etwa 3 Pfirsiche)
200 g Pflaumen-
Fruchtfleisch
(etwa 4 Pflaumen)

200 g Birnen-Fruchtfleisch
(etwa 2 Birnen)
125 g Weintrauben
1,3 kg Zucker
1 Vanilleschote
1 l klarer Branntwein
(40 Vol.-%)

- Die Erdbeeren und die Kirschen in einem Sieb unter fließendem kalten Wasser waschen, trockentupfen und entstielen. Die Kirschen entsteinen. Die Himbeeren verlesen, aber nicht waschen. Die Aprikosen, die Pfirsiche und die Pflaumen unter fließendem kalten Wasser waschen, danach halbieren und die Steine entfernen. Die Birnen schälen, vierteln und die Kerngehäuse herausschneiden. Die Weintrauben waschen und von den Stielen zupfen.
- Sämtliche Früchte in der Reihenfolge ihrer Zubereitung in das Glas schichten, den Zucker und die aufgeschlitzte Vanilleschote hinzufügen und das Ganze mit dem Branntwein bedecken. Der Inhalt des Glases darf auf keinen Fall umgerührt werden!
- Das Glas gut verschließen und die Früchte vor dem Genuss mindestens 2 Monate an einem kühlen, lichtgeschützten Ort durchziehen lassen.

Die Früchte in Branntwein können als Digestif serviert werden.

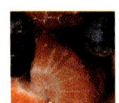

Sophies Tipp

Sie können dieses Kompott auch in mehreren Etappen zubereiten, indem Sie das Glas im Laufe des Sommers nach und nach mit Früchten Ihrer Wahl füllen (exotische Früchte wie Bananen, Orangen oder Ananas sind allerdings nicht geeignet). Fügen Sie dabei jedes Mal die entsprechende Menge Zucker (100 g Zucker je 100 g Früchte) hinzu und gießen Sie so viel Branntwein nach, dass die Früchte wieder bedeckt sind. Danach verschließen Sie das Glas wieder.

Rhabarberkompott mit Äpfeln

Für 4 Personen

300 g Rhabarber (etwa 2 Rhabarberstangen)
2 Äpfel (z. B. Golden Delicious oder Granny Smith)
120 g Zucker
1 Päckchen Vanillezucker
Saft einer Orange

- Den Rhabarber von den Stielenden befreien, die Schale abziehen und die Stangen in etwa 0,5 cm große Stücke schneiden. Die Äpfel schälen und vierteln, die Kerngehäuse entfernen und das Fruchtfleisch würfeln.
- Den Rhabarber und die Äpfel zusammen mit dem Zucker, dem Vanillezucker und dem Orangensaft in eine beschichtete Pfanne geben, das Ganze vermengen und bei niedriger Hitze 15 Min. köcheln lassen. Dabei gelegentlich umrühren.
- Das Kompott anschließend in eine Schüssel füllen.

Wenn Sie 3 aufgelöste Gelatineblätter und 200 g geschlagene Sahne unter das Kompott rühren, können Sie es als Füllung für Millefeuilles* oder eine Charlotte* verwenden. Auch eignet es sich hervorragend als Belag für süße Tarteböden.

Luftdicht verschlossen ist das Kompott im Kühlschrank 3 Tage haltbar.

Sophies Tipp

Sie können die Fruchtmischung vor dem Kochen mit
1 EL gehackten Walnüssen verfeinern. Der Orangensaft kann durch
2 cl Calvados oder Manzana Verde* ersetzt werden.
Anstelle des Rhabarbers können Sie Erdbeeren verwenden.

Papaya-Orangen-Kompott

Für 4 Personen

1 Papaya
2 Orangen
120 g Zucker
1 Vanilleschote

- Die Papaya halbieren und die Kerne entfernen. Das Fruchtfleisch herauslösen und in Stücke schneiden. Die Orangen schälen und die weiße Haut möglichst vollständig entfernen. Das Fruchtfleisch mit einem scharfen Messer filetieren und in Stücke schneiden. Die Kerne entfernen.
- Die Früchte zusammen mit dem Zucker und der aufgeschlitzten Vanilleschote in eine beschichtete Pfanne geben, das Ganze vermengen und bei niedriger Hitze 15 Min. köcheln lassen. Dabei gelegentlich umrühren.
- Das Kompott anschließend in eine Schüssel füllen und die Vanilleschote herausnehmen.

Das Papaya-Orangen-Kompott eignet sich hervorragend zur Herstellung von Soufflés und Crumbles*.

Luftdicht verschlossen ist das Kompott im Kühlschrank 3 Tage haltbar.

Sophies Tipp

Sie können die Fruchtmischung vor dem Kochen mit der Schale einer unbehandelten Zitrone oder Limette oder mit 2 cl Rum verfeinern. Die Vanilleschote können Sie durch 1 Zimtstange ersetzen.

Karamellisierte Honigmelone mit Haselnüssen

Für 4 Personen

1 Honigmelone
100 g Zucker
1 TL Butter
50 g gehackte Haselnüsse

- Die Melone halbieren und die Kerne entfernen. Die Melonenhälften in 0,5 cm dicke Spalten schneiden und diese schälen.
- Den Zucker und die Butter zusammen mit 100 ml Wasser in eine beschichtete Pfanne geben und bei mittlerer Hitze 3 Min. kochen. Die Melonenspalten hinzufügen und bei niedriger Hitze 10 Min. köcheln lassen. Die Spalten nach der Hälfte der Kochzeit umdrehen.
- Die Melonenspalten anschließend aus der Pfanne nehmen, in eine Schüssel geben, mit dem restlichen Sirup übergießen und mit den Haselnüssen bestreuen.

Die karamellisierte Honigmelone kann als Dessert mit Melonensorbet serviert werden.

Luftdicht verschlossen ist die karamellisierte Melone im Kühlschrank 3 Tage haltbar.

Sophies Tipp

Die Haselnüsse können bereits vor dem Karamellisieren
zu den Melonenspalten gegeben werden.

Mandarinenkompott mit Gewürzen

Für 4 Personen

8 Mandarinen oder Clementinen
120 g Zucker
Saft einer halben Zitrone
3 Pfefferkörner

1 Msp. frisch geriebene Muskatnuss
1 Msp. gemahlener Ingwer
1 Sternanis
1 Wacholderbeere

- Die Mandarinen schälen und die weiße Haut möglichst vollständig entfernen. Das Fruchtfleisch mit einem scharfen Messer filetieren und die Kerne entfernen, die Spalten aber ganz lassen.
- Die Mandarinen zusammen mit dem Zucker, dem Zitronensaft und den Gewürzen in eine beschichtete Pfanne geben, das Ganze vermengen und bei niedriger Hitze 15 Min. köcheln lassen. Dabei gelegentlich umrühren.
- Das Kompott anschließend in eine Schüssel füllen.

Das Mandarinenkompott schmeckt warm oder kalt zu Pfannkuchen oder Entenbrustfilet.

Luftdicht verschlossen ist das Kompott im Kühlschrank 3 Tage haltbar.

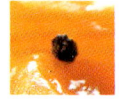

Sophies Tipp

Verfeinern Sie die Fruchtmischung vor dem Kochen mit
2 cl Cointreau oder Grand Marnier.
Anstelle der Mandarinen können Sie Orangen verwenden.

Weinbergpfirsichkompott mit Muskateller

Für 4 Personen

8 Weinbergpfirsiche
120 g Zucker
2 Msp. gemahlener Zimt
50 ml Muskateller (z. B. Muscat de Beaumes de Venise)

- Die Pfirsiche schälen und halbieren, die Steine entfernen und das Fruchtfleisch in Stücke schneiden.
- Die Pfirsiche zusammen mit dem Zucker, dem Zimt und dem Muskateller in eine beschichtete Pfanne geben und bei niedriger Hitze 15 Min. köcheln lassen. Dabei gelegentlich umrühren.
- Das Kompott anschließend in eine Schüssel füllen.

Das Weinbergpfirsichkompott passt kalt zu einer jungen Ente oder zu Kaninchen. Zusammen mit Pfirsich- oder Himbeersorbet eignet es sich hervorragend als Dessert.

Luftdicht verschlossen ist das Kompott im Kühlschrank 3 Tage haltbar.

Sophies Tipp

Sie können die Fruchtmischung vor dem Kochen mit 1 EL Zitronat verfeinern. Der Muskateller kann durch Champagner oder Süßwein (z. B. Sauternes) ersetzt werden.

Honigmelonenkompott mit Pfirsich und Birne

Für 4 Personen

1 Honigmelone	100 g Zucker
3 gelb- oder weißfleischige Pfirsiche	1 Vanilleschote
2 Birnen (z. B. Williams Christ)	2 cl Rum

- Die Melone halbieren und die Kerne entfernen. Das Fruchtfleisch herauslösen und kleinschneiden. Die Pfirsiche schälen und halbieren, die Steine entfernen und das Fruchtfleisch in Stücke schneiden. Die Birnen ebenfalls schälen, vierteln, von den Kerngehäusen befreien und in Stücke schneiden.
- Den Zucker, die aufgeschlitzte Vanilleschote und den Rum zusammen mit 50 ml Wasser in eine beschichtete Pfanne geben und bei mittlerer Hitze 3 Min. kochen. Die Fruchtstücke hinzufügen, das Ganze vermengen und bei niedriger Hitze 15 Min. köcheln lassen. Dabei gelegentlich umrühren.
- Das Kompott anschließend in eine Schüssel füllen und die Vanilleschote entfernen.

Das Honigmelonenkompott kann kalt mit Sandgebäck als Dessert serviert werden.

Luftdicht verschlossen ist das Kompott im Kühlschrank 3 Tage haltbar.

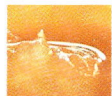

Sophies Tipp

Sie können die Vanilleschote durch einige Kardamomsamen und den Rum durch Banyuls* ersetzen.

Orangenkompott
mit Schokolade und Minze

Für 4 Personen

5 Orangen
100 g Zucker
20 g Vollmilchschokoladenspäne
8 feingeschnittene Minzeblättchen

- Die Orangen schälen und die weiße Haut möglichst vollständig entfernen. Das Fruchtfleisch mit einem scharfen Messer filetieren und in Stücke schneiden. Die Kerne entfernen und den Saft auffangen.
- Die Orangen zusammen mit dem Zucker und dem Saft in eine beschichtete Pfanne geben und bei niedriger Hitze 7 Min. köcheln lassen. Dabei gelegentlich umrühren.
- Die Pfanne vom Herd nehmen und die Schokoladenspäne sowie die Minze unterheben.
- Das Kompott anschließend in eine Schüssel füllen.

Das Orangenkompott passt zu Pfannkuchen, geröstetem Landbrot oder gerösteter Brioche.

Luftdicht verschlossen ist das Kompott im Kühlschrank 3 Tage haltbar.

Sophies Tipp

Die Minze kann durch 1 Msp. gemahlenen Zimt oder
1 Stängel feingeschnittene Zitronenmelisse ersetzt werden.

Oranges Pépites

Birnenkompott mit Mandeln und Portwein

Für 4 Personen

5 Birnen (z. B. Williams Christ)
1 TL Butter (nach Belieben)
120 g Zucker
20 g Mandelblättchen
2 cl Portwein

- Die Birnen schälen und vierteln, die Kerngehäuse entfernen und das Fruchtfleisch in Stücke schneiden.
- Die Butter in einer beschichteten Pfanne zerlassen. Die Birnen zusammen mit dem Zucker, den Mandelblättchen und dem Portwein hinzufügen, das Ganze vermengen und bei niedriger Hitze 10 Min. köcheln lassen. Dabei gelegentlich umrühren.
- Das Kompott anschließend in eine Schüssel füllen.

Das Birnenkompott kann kalt mit einer Kugel Birnensorbet als Dessert serviert werden.

Luftdicht verschlossen ist das Kompott im Kühlschrank 3 Tage haltbar.

Sophies Tipp

Die Mandelblättchen können durch Schokoladenspäne ersetzt werden.

Ananaskompott
mit Rum und Baiserhaube

Für 4 Personen

4 Babyananas	*Für das Baiser*
60 g Zucker	5 Eiweiß
1 Vanilleschote	1 Prise Salz
2 cl Rum	60 g Zucker

- Die Ananas schälen, die Augen entfernen und das Fruchtfleisch in Stücke schneiden.
- Die Fruchtstücke zusammen mit dem Zucker, der aufgeschlitzten Vanilleschote und dem Rum in eine beschichtete Pfanne geben und bei niedriger Hitze 20 Min. köcheln lassen. Dabei gelegentlich umrühren.
- Für das Baiser die Eiweiß mit dem Salz steif schlagen und dabei nach und nach den Zucker einrieseln lassen.
- Das Kompott in eine Rundform füllen, die Baisermasse nach Entfernen der Vanille-schote darauf verstreichen und das Ganze unter den vorgeheizten Backofengrill schieben und kurz überbacken.

Das Ananaskompott kann mit Vanilleeis als Dessert serviert werden.

Luftdicht verschlossen ist das Kompott im Kühlschrank 3 Tage haltbar.

Sophies Tipp

Sie können auch jedes andere Kompott mit einer Baiserhaube versehen.

Bananenkompott mit Kokosraspeln

Für 4 Personen

5 Bananen
120 g Zucker
Saft einer halben Zitrone
20 g Kokosraspeln

- Die Bananen schälen und in Scheiben schneiden.
- Die Früchte zusammen mit dem Zucker, dem Zitronensaft und den Kokosraspeln in eine beschichtete Pfanne geben und bei niedriger Hitze 6 Min. köcheln lassen. Dabei gelegentlich umrühren.
- Das Kompott anschließend in eine Schüssel füllen.

Das Bananenkompott eignet sich kalt hervorragend zur Herstellung eines Crumbles* oder eines Clafoutis* sowie als Belag für süße Tarteböden. Darüber hinaus passt es vorzüglich zu Quark.

Luftdicht verschlossen ist das Kompott im Kühlschrank 3 Tage haltbar.

Sophies Tipp

Verfeinern Sie die Fruchtmischung vor dem Kochen wahlweise mit
1 EL gehackten Pekannüssen, 1 EL Korinthen oder 2 cl Malibu*.

Zwetschgenkompott mit Ingwer

Für 4 Personen

15 Zwetschgen
1 TL Butter (nach Belieben)
120 g Zucker
1 TL frisch geriebener oder gemahlener Ingwer

- Die Zwetschgen in einem Sieb unter fließendem kalten Wasser waschen, danach halbieren und die Steinkerne entfernen.
- Die Butter in einer beschichteten Pfanne zerlassen. Die Zwetschgen, den Zucker und den Ingwer hinzufügen, das Ganze vermengen und bei niedriger Hitze 15 Min. köcheln lassen. Dabei gelegentlich umrühren.
- Das Kompott anschließend in eine Schüssel füllen.

Das Zwetschgenkompott eignet sich kalt hervorragend zur Herstellung eines Crumbles* sowie als Belag für süße Tarteböden. Heiß kann es als Beilage zu gebratenem Schweinekarree serviert werden.

Luftdicht verschlossen ist das Kompott im Kühlschrank 3 Tage haltbar.

Sophies Tipp

Der Ingwer kann durch 1 EL gemahlene Mandeln ersetzt werden.

Saisonkalender

Apfel: ganzjährig

Aprikose: Mai bis September

Babyananas: ganzjährig

Banane: ganzjährig

Birne: Juli bis Dezember

Brombeere: Juli bis September

Brugnole: Mai bis September

Clementine: November bis Februar

Erdbeere: Juni bis September

Esskastanie: Oktober und November

Feige: Juni bis Oktober

Gelbe Kiwi: Juni bis Oktober, Dezember bis Februar

Grüne Tomate: September und Oktober

Guave: ganzjährig

Heidelbeere: Juni bis September

Himbeere: Juni bis September

Hokkaidokürbis: September bis Dezember

Honigmelone: Juni bis September

Kirsche: Mai bis Oktober

Kirschtomate: Juli bis September

Kiwi: ganzjährig

Limette: ganzjährig

Litschi: November bis April

Mandarine: September bis Februar

Mango: ganzjährig

Maracuja: ganzjährig

Marone: Oktober und November

Mirabelle: Juli bis Oktober

Nektarine: Mai bis September

Orange: Oktober bis April

Pampelmuse: Oktober bis Mai

Papaya: ganzjährig

Passionsfrucht: ganzjährig

Pfirsich: Juni bis Oktober

Pflaume: Juni bis Oktober

Preiselbeere: Juli bis Oktober

Quitte: September bis Dezember

Reneklode: Juli bis September

Rhabarber: April bis Juni

Rote Johannisbeere: Juni bis August

Schwarze Johannisbeere: Juli und August

Stachelbeere: Mai bis August

Walderdbeere: Mai bis Juli

Wassermelone: Mai bis September

Weinbergpfirsich: September und Oktober

Weintraube: September bis März

Zitrone: ganzjährig

Zwetschge: Juli bis Oktober

Zutatenregister

Kursiv gesetzte Zahlen verweisen auf Zutaten in »Sophies Tipps«.

*Kleine Warenkunde

Baba au rhum ist ein mit Rum getränkter Hefeteignapfkuchen mit Rosinen.

Banyuls, ein portweinähnlicher Süßwein, stammt aus der französischen Region Languedoc-Roussillon.

Brugnole bezeichnet eine Nektarinensorte, die aus der Kreuzung von Pfirsich und Pflaume entstanden ist. Brugnolen sind bei uns nur schwer zu bekommen, können aber ohne weiteres durch Nektarinen ersetzt werden.

Charlotte ist eine Süßspeise aus Löffelbiskuits und Creme, Fruchtpüree oder Eiscreme, die nach dem Erkalten gestürzt wird. Man verwendet hierfür entweder eine spezielle Charlottenform oder eine andere runde, hochwandige Form.

Clafoutis, ein traditioneller französischer Kuchen, wird gern als Dessert gereicht. Traditionell mit Kirschen zubereitet, die mit flüssigem Teig übergossen und im Backofen gebacken werden, wird er heute auch mit anderen Früchten serviert.

Crumble (dt. Krümel), eine engl. Spezialität, ist ein mit Streuseln überbackenes Dessert aus Früchten, das heiß mit Sahne oder Vanilleeis, aber auch als Kuchenersatz gegessen wird.

Grüne Tomaten werden Ende September geerntet. Es handelt sich hierbei um Früchte, die nicht genug Sonne abbekommen haben und deshalb nicht rot geworden sind.

Kubeben- oder Schwanzpfeffer ist auf Java und anderen indonesischen Inseln beheimatet und kein Pfeffer im herkömmlichen Sinn, sondern ein pfefferähnliches Gewürz. Wie bei allen Schwarzpfeffern werden die Beeren vor der Reife geerntet und sonnengetrocknet, bis sie eine braun-schwarze Farbe annehmen. Kubebenpfeffer hat einen scharf-bitteren Geschmack und ein Aroma von Kampfer und Eukalyptus.

Malibu, ein Fruchtlikör aus Barbados, wird aus weißem Rum, Zucker und Kokosnussextrakten hergestellt.

Manzana Verde ist ein spanischer Likör, der aus grünen Äpfeln destilliert wird.

Millefeuille, ein Schichtgebäck aus hauchdünnen Blätterteigschichten, wird traditionell mit Vanillecreme gefüllt und mit Zuckerglasur oder Puderzucker überdeckt.

Munster-Käse ist eine Spezialität aus dem Elsass und aus Lothringen. Der würzige Kuhmilchweichkäse hat einen Fettgehalt von 40 bis 50 %.

Petit Suisse bezeichnet einen in Frankreich und der Schweiz beliebten, säuerlichen Frischkäse aus Kuhmilch und Sahne, der in Portionsbechern à 60 g angeboten wird.

Provolone, ein italienischer Knetkäse aus Kuhmilch mit einem Fettgehalt von mindestens 44 %, wird als junger, kurz gereifter, cremig-milder Provolone dolce oder als kräftig schmeckender Provolone piccante angeboten.

Quatre-quarts (dt. Vier-Viertel-Kuchen) ist ein Sandkuchen aus vier zu gleichen Teilen verwendeten Zutaten: Mehl, Butter, Eier und Zucker. In Frankreich wird er gerne zum Frühstück gegessen.

Sarawakpfeffer, ein fruchtig-milder, qualitativ hochwertiger Schwarzpfeffer, stammt aus Borneo.

Szechuan- oder Anis-Pfeffer kommt in mehreren Arten vor und stammt von einem in Asien verbreiteten Rautengewächs. Er besitzt ein warm-holziges, manchmal an Zitronen, manchmal an Anis erinnerndes Aroma und einen beißend-prickelnden, scharfen Geschmack. Durch zu langes Kochen verliert er sein Aroma.

Viergewürzpulver (frz. Quatre-épices) ist eine traditionelle Gewürzmischung der französischen Küche, die zu gleichen Teilen aus Pfeffer, Muskatnuss, Nelke und Zimt besteht.